AUTOAYUDA

Iñaki Piñuel

Mobbing
Manual de autoayuda

DeBOLS!LLO

Diseño de la portada: Departamento de diseño de Random House Mondadori
Fotografía de la portada: © Photographer's Choice/Getty Images

Primera edición: septiembre, 2005

© 2003, Iñaki Piñuel
© 2005 por la presente edición para todo el mundo:
Random House Mondadori, S. A.
Travessera de Gràcia, 47-49. 08021 Barcelona

Quedan prohibidos, dentro de los límites establecidos en la ley y bajo los apercibimientos legalmente previstos, la reproducción total o parcial de esta obra por cualquier medio o procedimiento, ya sea electrónico o mecánico, el tratamiento informático, el alquiler o cualquier otra forma de cesión de la obra sin la autorización previa y por escrito de los titulares del *copyright*.

Printed in Spain – Impreso en España

ISBN: 84-9793-745-7
Depósito legal: B. 31.270 - 2005

Fotocomposición: Anglofort, S. A.

Impreso en Litografia Rosés, S. A.
Progrés, 54-60. Gavà (Barcelona)

P 837457

*A la profesora Araceli Oñate, mi esposa,
fuente de inspiración de este libro*

La esperanza y la libertad
volverán a nacer en ti.
Como fruto de tu dolor,
la alegría llenará toda tu vida.
Si en tu corazón vive sólo el Amor,
un día vendrá en que el mundo se unirá.

Gen Rosso,
And The Day Will Dawn

Índice

Introducción 19

1. Qué es y cómo se produce el acoso psicológico en el trabajo 25
   Mobbing: el trabajo como campo de concentración 25
   La lenta, silenciosa y degradante alternativa al despido 29
   El *mobbing* como asesinato psicológico 31
   «Algo habrá hecho»: el desarrollo de la culpabilidad de la víctima 35
   El perfil positivo de las víctimas 37
   Chivos expiatorios en las organizaciones 38
   El *mobbing* como violencia de género 41
   Los efectos del acoso psicológico 42
   El móvil del asesinato psicológico: encubrir la mediocridad 44
   Los agresores: jefes y compañeros mediocres . . 45
   El camuflaje del crimen perfecto 46
   «Todo es por el bien de la organización o del trabajador» 47

Cadáveres en el armario 49
La verdad de las víctimas 51
La asistencia profesional del psicólogo: el entrenamiento en supervivencia 52
Un test antes de continuar. ¿Corre usted el riesgo de sufrir *mobbing*? 54

2. CÓMO IDENTIFICAR EL *MOBBING* 59
¿En qué consiste el acoso psicológico en el trabajo o *mobbing*? 59
¿Existe una definición de *mobbing* o acoso psicológico en el trabajo? 60
¿*Mobbing*, acoso moral o acoso psicológico en el trabajo? 62
¿Es el acoso psicológico o *mobbing* una forma de conseguir que se trabaje mejor o con mayor eficacia? 64
¿Por qué se hace *mobbing* a un trabajador? . . 66
¿Hacen *mobbing* las organizaciones? 68
¿Se puede hacer *mobbing* por accidente, inconscientemente o «sin querer»? 71
¿Es el *mobbing* un mero conflicto o desencuentro entre personas? 73
¿Es lo mismo *mobbing* que *burnout* o síndrome de quemado? 75
¿Cómo distinguir si se trata de un caso de *burnout*? 82
¿Es el *mobbing* un nuevo problema laboral? . . 87
¿Hay factores del entorno económico y laboral que explican la incidencia del *mobbing*? . . 90
¿Cómo saber de manera objetiva si se es víctima de *mobbing*? 95

¿Cómo evolucionan las situaciones de acoso psicológico en el tiempo? 100
¿Por qué me hacen *mobbing*? ¿Qué he hecho yo para merecer esto? 109
¿Puede ser el *mobbing* una estrategia de dirección de personas en una organización? ... 112
¿Va incluido en el sueldo ser acosado psicológicamente? 114

3. CÓMO SALIR DEL PROCESO DE VICTIMIZACIÓN .. 117
¿Por qué resulta difícil reconocer y hacer frente al *mobbing*? 117
¿Por qué le cuesta reconocer a la organización los casos de acoso psicológico? 119
¿Por qué les resulta difícil reconocer el acoso psicológico a los compañeros de trabajo, amigos y familiares de la víctima? 122
¿Por qué la pareja tarda en comprender y en apoyar a la víctima de acoso psicológico en el trabajo? 123
¿Por qué otras personas se dejan arrastrar por los hostigadores y participan en acciones para acosar a la víctima? 128

4. CÓMO NEUTRALIZAR LOS EFECTOS PSICOLÓGICOS DEL *MOBBING* 135
¿No resulta excesivo hablar de «víctimas» de *mobbing*? 135
¿Existen riesgos para la salud de las personas que padecen acoso psicológico en su trabajo? .. 138

¿Es cierto que los cuadros de *mobbing* no tienen solución o que siempre generan gravísimos problemas psíquicos o físicos? 140

¿Puede confundirse el *mobbing* con una enfermedad psiquiátrica de la víctima? 142

¿Cuáles son los cuadros clínicos que dan motivo a una consulta al psicólogo? 144

¿Por qué el *mobbing* puede provocar la aparición de cuadros de estrés postraumático? 145

¿Cómo se puede saber si se ha desarrollado un síndrome de estrés postraumático? 146

¿Por qué la víctima de *mobbing* se despierta fácilmente y no tiene un sueño reparador? . . . 151

¿Por qué la persona que padece *mobbing* está siempre «nerviosa» y se siente al borde o al límite? 153

¿Se pueden desarrollar ataques de pánico como efecto del acoso psicológico? 154

¿Por qué la víctima de *mobbing* suele desarrollar enfermedades físicas que antes no padecía? 155

¿Por qué la persona que sufre *mobbing* suele estar triste, deprimida, abatida y llora frecuentemente? 157

¿Por qué la víctima de *mobbing* ya no disfruta de las cosas que antes le gustaba hacer y parece haberse vuelto insensible a las personas? . . 159

¿Por qué el *mobbing* produce irritabilidad en la persona que lo sufre? 160

¿Por qué la víctima de *mobbing* no logra descansar y se encuentra siempre agotada y exhausta? 162

5. Cómo hacer frente al proceso de culpabilización 169
   ¿Por qué tardan las víctimas de *mobbing* en caer en la cuenta de lo que ocurre? 169
   ¿Es el *mobbing* un problema de mera simulación oportunista de las víctimas? 170
   ¿Cómo suelen interpretar las víctimas de *mobbing* lo que les está ocurriendo? 172
   ¿Por qué los hostigadores no se reconocen como tales? 179
   ¿Cómo manipula el acosador a las víctimas de *mobbing* para hacerlas sentirse culpables? . 182
   ¿Qué persiguen los hostigadores con el *mobbing*? 185
   ¿Cuál es el mecanismo psicológico básico que opera en el *mobbing*? 187
   ¿Cómo es posible identificar a un psicópata organizacional? 189
   ¿Por qué acosan psicológicamente los narcisistas? 192
   ¿Son las víctimas de acoso psicológico «masoquistas» que buscan inconscientemente su castigo? 200
   ¿Son los roles de víctima y hostigador intercambiables según la perspectiva que se adopte? 202

6. Cómo dar respuesta activa al *mobbing* 203
   ¿Es recomendable frente al *mobbing* aguantar al máximo, dejar pasar el tiempo o «esperar a que escampe»? 203

¿Es imprescindible solicitar ayuda especializada
   para superar el *mobbing*? 207
¿Es eficaz contra el *mobbing* adoptar la llamada
   «estrategia de perfil bajo», esto es, someterse,
   ser conciliador o «ser un buen chico»? . . . 211
¿Puede ser el *mobbing* una oportunidad para el
   desarrollo y conocimiento personal de la víctima? 212
¿Qué técnicas o entrenamiento psicológico se requieren para dar respuesta al *mobbing* y hacerle frente? 214
¿Existen profesionales especializados en tratar, asistir y entrenar a las víctimas de *mobbing*? 215
¿Cuáles son las fases de salida y superación del *mobbing*? 216
¿Cómo se pueden evitar o canalizar adecuadamente las reacciones emocionales negativas producidas por el *mobbing*? 220

7. CÓMO EVITAR Y PREVENIR EL *MOBBING* EN LA ORGANIZACIÓN 225
¿Existen organizaciones libres de casos de *mobbing*? 225
¿Existen organizaciones que por sus características sean generadoras de casos recurrentes de *mobbing*? 226
¿Cómo «racionalizan» las organizaciones la existencia de situaciones de *mobbing*? 229
¿Qué factores organizativos producen el incremento de la violencia psicológica? 231

¿Qué factores individuales incrementan la probabilidad de que se produzca *mobbing* en una organización? 236

¿Cómo se puede trabajar desde el Departamento de Recursos Humanos en la prevención del *mobbing*? 246

¿Conviene sancionar internamente a los hostigadores en los casos de *mobbing* que resulten identificados? 250

Epílogo. Veinte estrategias personales para superar el *mobbing* 251

Apéndice. Cartas al autor 253

Introducción

A lo largo de los últimos años son muchas las víctimas de *mobbing* que me han manifestado su dificultad para leer estudios o libros que les ayuden a superar el problema. El acoso psicológico en el trabajo produce en las víctimas enormes dificultades de concentración que les impiden ir más allá de pocas líneas. A ello hay que sumar el intenso dolor que se produce en las víctimas al abordar textos que quieren ser una ayuda para superar el *mobbing* pero que, inexorablemente, terminan removiendo en su interior los acontecimientos traumáticos de persecución que han vivido en el trabajo.

Estas dificultades me han animado a escribir este «manual de autoayuda» basado en aquellas cuestiones que más frecuentemente preocupan a las víctimas de *mobbing* y a sus familiares. El libro se ha escrito para aquellas personas que padecen el acoso psicológico en el trabajo, para sus familiares y amigos, y para aquellas personas que tienen que proporcionarles algún tipo de ayuda profesional. Pretende ser una guía o manual de primeros auxilios psicológicos. Sin embargo, no pretende sustituir el tratamiento especializado que requieren buena parte de las personas que atraviesan por esta situación de naufragio personal y profesional.

Afortunadamente vamos dejando atrás una situación, inédita en otros problemas de salud psicológica y laboral, en la que existían muy pocos especialistas formados para abordar y tratar este problema. En los últimos años se han ido sucediendo foros, jornadas y seminarios, que han abierto una nueva especialización en el ámbito de la psicología, con el nacimiento de una nueva tecnología en la asistencia y el apoyo profesional a las víctimas del acoso psicológico en el trabajo.

Mi campo de actuación en los últimos años en lo que se refiere al problema del *mobbing* se ha centrado en la óptica de la investigación y la docencia en Recursos Humanos, dentro del ámbito de la Psicología del Trabajo y de las Organizaciones y en la atención, la asistencia y el acompañamiento a las víctimas de *mobbing,* en un tipo de intervención psicológica más cercana al *coaching* o entrenamiento profesional que a la psicoterapia.

A lo largo de estos últimos años hemos desarrollado los barómetros Cisneros sobre el *mobbing* en España y también muchas personas han contactado con nosotros a través de la Universidad de Alcalá (e-mail: innaki.pinnuel@uah.es). Los datos de la investigación y los testimonios directos revelan tremendas historias de persecución laboral y de sufrimiento personal. A través de los datos y de las historias de destrucción relatadas puede constatarse la universalidad del problema del *mobbing* y el drama de su creciente incidencia en el entorno laboral del nuevo siglo XXI.

Estas historias reflejan las dificultades de supervivencia en el ámbito laboral de aquellos que, preocupados por los demás, no miran a otro lado ante los desmanes o atropellos. Son relatos que testimonian la lucha de las trabajadoras que pretenden permanecer en pie de igualdad con los hombres o que no aceptan los chantajes sexuales todavía frecuentes como peaje laboral. Son testimonios de la resistencia de numerosos trabajadores jóvenes que luchan por mantener trabajos que no les supongan la destrucción psicológica y que no les roben la autoestima y la dignidad. Son asimismo pruebas fehacientes del infierno que atraviesan en las organizaciones los profesionales más brillantes o mejor dotados, sistemáticamente objeto de la envidia y de los celos de otros más mediocres. Describen el linchamiento laboral cotidiano de los trabajadores diferentes, de los de más edad o de los minoritarios contra los que todos los demás cargan de manera unánime. La mayoría de los casos que narran las víctimas muestran una perversa y sistemática utilización en nuestras organizaciones del mecanismo de chivo expiatorio por el que conviene siempre sacrificar a alguien, normalmente al más vulnerable, al hostigamiento de la mayoría, en beneficio del mantenimiento del *statu quo* y del dominio de otros.

El *mobbing* es la punta del iceberg de una modificación vertiginosa y negativa que se está operando en las condiciones de un entorno organizativo y que se verifica y se concreta en el caso de millones de trabajadores en toda Europa. Supone la evidencia de cómo a la violencia doméstica, a la violencia política y a la violencia social hay que añadir la creciente violencia psicológica en el mundo del trabajo. También supone la confirmación de los pronósticos más agoreros, que acusan de una creciente pérdida de valores humanos a toda la sociedad y, más en concreto, a las organizaciones y empresas. El respeto a la dignidad, la solidaridad, la equidad y la justicia son valores en decadencia en un ámbito laboral en el que la ganancia económica se ha convertido en la nueva religión, y la mano invisible del mercado laboral, en el único árbitro y juez.

El nuevo terror laboral que supone para el trabajador el abismo del paro explica su creciente conformismo, su sumisión, su resignación, y que trivialice el problema considerando el maltrato psicológico en el trabajo como un mal endémico o como un elemento consustancial a todo trabajo.

Con este panorama desalentador, los trabajadores establecen entre ellos un nuevo pacto de mutua indiferencia que rompe toda posibilidad de concertar la defensa colectiva de su derecho a la dignidad y a la salud en el trabajo. Así es como la reacción esperable de los trabajadores que presencian el *mobbing* es el desarrollo del síndrome de «no va conmigo», cuando no su directa participación en el linchamiento del chivo expiatorio de turno, justificando ante sí mismos su violencia pensando que «algo habrá hecho» el trabajador acosado.

Numerosos directivos y mandos conocen la tecnología perversa del *mobbing* y la aplican de modo continuado como estrategia de contención, instalando así un reinado de opresión psicológica, en el que nadie se atreve a moverse si sabe lo que le conviene. El señalamiento arbitrario y periódico de «culpables universales de todo lo que ocurre» tiene la virtud de encubrir malos resultados, malas prácticas, y así la propia mediocridad y la falta de «saber hacer» de quien hostiga. Se canaliza la frustración de los demás trabajadores, aterrorizados y maltratados, descargándose toda esa energía contra el trabajador acosado.

En este libro se plantean las cuestiones más candentes que preocupan a las personas que padecen el acoso desde la perspectiva de la psicología.

En la primera parte se desarrolla una perspectiva global acerca de qué es y cómo funciona el acoso psicológico en el trabajo, y se explican cuáles son las características del problema, las formas de saber si se es o no víctima de *mobbing* y los motivos que pueden existir para que se produzca.

En la segunda parte se trata acerca de cómo puede escapar la víctima del proceso de doble victimización, mediante la desactivación emocional y la neutralización de las secuelas psicológicas que genera el *mobbing*.

En la tercera parte se abordan las estrategias terapéuticas para ayudar a la persona a liberarse de la culpabilidad y a recuperar la autoestima, elaborando un tipo de respuesta activa y autoafirmativa que detenga el curso del *mobbing* y le ayude a recuperar la autoeficacia y a romper la indefensión. Estas estrategias culminan con la necesidad de superar el problema de manera definitiva, olvidando el acoso y rehaciendo la propia vida profesional.

En la última parte se analizan los problemas del entorno organizativo que favorecen el *mobbing,* y se proporcionan una serie de estrategias para evitarlo y prevenirlo. Se trata de conocer de qué modo las organizaciones facilitan el hostigamiento y poder así proceder a intervenir en esos factores previniendo el acoso antes de que suceda.

El viaje que se propone al lector le va a implicar emocionalmente en una serie de vivencias que le ayudarán a salir adelante y a superar el *mobbing* con decisión, dando la batalla personal.

1

Qué es y cómo se produce el acoso psicológico en el trabajo

> En las sociedades de nuestro mundo occidental altamente industrializado, el lugar de trabajo constituye el último campo de batalla en el cual una persona puede matar a otra sin ningún riesgo de llegar a ser procesada ante un tribunal.
>
> HEINZ LEYMANN

MOBBING: EL TRABAJO COMO CAMPO DE CONCENTRACIÓN

Cuando comenzábamos a investigar el acoso psicológico en el trabajo en España, desde la Universidad de Alcalá, no imaginábamos la enorme repercusión que tendrían nuestros trabajos en la sociedad española. Los barómetros Cisneros, primeras herramientas en medir la incidencia del *mobbing* en España, han ido sucediéndose periódicamente, arrojando luz sobre importantes aspectos de nuestras relaciones laborales. Quizá el dato más espeluznante de todos es el que revela que el número de afectados por *mobbing* en España supera los dos millones.

Desde entonces un número cada vez mayor de trabajadores han caído en la cuenta de que «no entra» en el salario el ser destruidos y machacados por compañeros o jefes, y se han animado a hacer frente, personal y jurídicamente, al problema.

El número creciente de casos divulgados por los medios de comunicación ha puesto de moda un fenómeno que no es ciertamente nuevo pero cuya incidencia y crecimiento en los últimos años es verdaderamente alarmante.

La divulgación mediática ha mostrado la indefensión y la desesperación con que las víctimas de *mobbing* viven frecuentemente la persecución en su medio laboral, haciéndose eco de la lucha y la esperanza de muchos de los que trabajamos a diario para que el trabajo no resulte peligroso para la salud psíquica.

El *mobbing* causa enormes sufrimientos a las personas que lo padecen y merma la competitividad potencial de las organizaciones en las que se produce. No menos del 12 por ciento de los trabajadores en activo encuestados se muestra totalmente de acuerdo con la afirmación de que «en mi lugar de trabajo el acoso laboral generalizado reduce mucho la eficacia». Datos del barómetro Cisneros realizado por la Universidad de Alcalá arrojan que más del 15 por ciento de los trabajadores en activo encuestados (equivalente a más de 2,3 millones de trabajadores en España) manifiesta ser objeto de hostigamiento psicológico o *mobbing* en su trabajo en los últimos seis meses.

El concepto de *mobbing,* traducido de manera correcta al castellano como acoso psicológico, y no «acoso moral» (deberíamos decir inmoral en todo caso), posee un sustrato ético esencial que se refiere a la falta de respeto y de consideración del derecho a la dignidad del trabajador como un elemento relevante o sustancial de la relación laboral.

Las estrategias y las modalidades utilizadas para someter a la víctima a acoso psicológico o *mobbing* son muy variadas, y la mayor parte de las veces se combinan unas con otras a modo de «tratamiento integral». Entre las más frecuentes, aunque no exclusivas, se cuentan las siguientes:

- Gritar, avasallar o insultar a la víctima cuando está sola o en presencia de otras personas.
- Asignarle objetivos o proyectos con plazos que se saben inalcanzables o imposibles de cumplir, y tareas que son manifiestamente inacabables en ese tiempo.
- Sobrecargar selectivamente a la víctima con mucho trabajo.
- Amenazar de manera continuada a la víctima o coaccionarla.
- Quitarle áreas de responsabilidad clave, ofreciéndole a cambio tareas rutinarias, sin interés o incluso ningún trabajo que realizar («hasta que se aburra y se vaya»).
- Modificar sin decir nada al trabajador las atribuciones o responsabilidades de su puesto de trabajo.
- Tratarle de una manera diferente o discriminatoria, usar medidas exclusivas contra él, con vistas a estigmatizarle ante otros compañeros o jefes (excluirle, discriminarle, tratar su caso de forma diferente).
- Ignorarle o excluirle, hablando sólo a una tercera persona presente, simulando su no existencia («ninguneándolo») o su no presencia física en la oficina o en las reuniones a las que asiste («como si fuera invisible»).
- Retener información crucial para su trabajo o manipularla para inducirle a error en su desempeño laboral, y acusarle después de negligencia o faltas profesionales.
- Difamar a la víctima, extendiendo por la empresa rumores maliciosos o calumniosos que menoscaban su reputación, su imagen o su profesionalidad.

- Infravalorar o no valorar en absoluto el esfuerzo realizado, negándose a evaluar periódicamente su trabajo.
- Bloquear el desarrollo o la carrera profesional, limitando, retrasando o entorpeciendo el acceso a promociones, cursos o seminarios de capacitación.
- Ignorar los éxitos profesionales o atribuirlos maliciosamente a otras personas o a elementos ajenos a él, como la casualidad, la suerte, la situación del mercado, etcétera.
- Criticar continuamente su trabajo, sus ideas, sus propuestas, sus soluciones, etcétera.
- Monitorizar o controlar malintencionadamente el trabajo con vistas a atacarle o a encontrar formas de acusarle de algo.
- Castigar duramente o impedir cualquier toma de decisión o iniciativa personal en el marco de sus responsabilidades y atribuciones.
- Bloquear administrativamente a la persona, no dándole traslado, extraviando, retrasando, alterando o manipulando documentos o resoluciones que le afectan.
- Ridiculizar su trabajo, sus ideas o los resultados obtenidos ante los demás trabajadores, caricaturizando o parodiando.
- Invadir la privacidad del acosado interviniendo su correo, su teléfono, revisando sus documentos, armarios, cajones, etcétera.
- Robar, destruir o sustraer elementos clave para su trabajo.
- Atacar sus convicciones personales, ideología o religión.

- Animar a otros compañeros a participar en cualquiera de las acciones anteriores mediante la persuasión, la coacción o el abuso de autoridad.

La lenta, silenciosa y degradante alternativa al despido

El *mobbing* supone un patrón de comportamientos que se repite de caso a caso. Por ello se sucede una serie de fases comunes la mayoría de las veces.

El acoso psicológico suele comenzar casi siempre de manera repentina, con un cambio brusco en la relación entre el acosador y la persona que, a partir de entonces, se va a convertir en el objeto de su acoso. La relación, hasta entonces neutra o incluso positiva, se torna negativa. La víctima, confusa, se interroga una y otra vez acerca del porqué de sus problemas con el acosador:

- ¿Qué es lo que habré hecho mal?
- ¿Por qué se me dice a mí esto?
- ¿Qué error tan grave habré cometido?
- ¿En qué me he equivocado?

Así es como la víctima de *mobbing* se analiza reiteradamente pretendiendo encontrar en sí misma la explicación y la causa del acoso, desarrollando sentimientos de culpabilidad y vergüenza.

Un cambio tan repentino e inexplicable en una relación humana hasta entonces correcta o satisfactoria suele venir motivado por los celos, la envidia, la competición, la promoción exitosa del trabajador, la amenaza que supone éste por alguna razón, o la llegada al lugar de trabajo de otro trabajador al que se quiere situar en el puesto de la víctima.

Es frecuente que quien hostiga haya sido manipulado por un «instigador» previo al proceso mediante estratagemas que consiguen satanizar o demonizar a la víctima, poniendo al futuro hostigador en su contra.

Una de las señales más tempranas de *mobbing* suele consistir en hacer objeto a la víctima de críticas sistemáticas, feroces e injustificadas hacia su trabajo, atacando sus ideas y planteamientos en relación a cualquier tarea que desempeña o decisión que adopta. Estas críticas sistemáticas contrastan con la evaluación anterior del desempeño de su trabajo, juzgado como adecuado o incluso excelente.

La persona que recibe este acoso se da cuenta de manera inmediata de que las críticas y acusaciones que se le dirigen son imputaciones personales que no tienen por objeto mejorar su trabajo o ayudarla a crecer profesionalmente, sino que pretenden dañarla, humillarla o perjudicarla:

- ¡Eres un inútil!
- ¡No vales para nada!
- ¡No sé lo que voy a hacer contigo!
- ¡La que me ha caído contigo!
- ¡No hay nada que hagas bien!

Esta persecución, focalizada y sistemática, va a estar orientada a partir de entonces a fragmentar y romper la red de relaciones sociales tejida alrededor del trabajador en su entorno laboral, y a deteriorar y denigrar su imagen pública mediante calumnias, rumores, mentiras interesadas, manipulación, burlas, motes, etcétera.

En numerosas ocasiones se busca aislar a la persona, negándosele la comunicación con el acosador, y prohibiéndose explícita o tácitamente que el resto de los trabajadores tengan relación o comunicación con ella. Ésta se verá excluida de las actividades sociales habituales, formales o informales, y se le irán retirando sus cometidos de mayor responsabilidad o valor añadido, ofreciéndosele a cambio trabajos de menor categoría, interés o valor añadido que los que hasta el momento desempeñaba, o incluso tareas absurdas que no se pueden justificar objetivamente, sino que derivan de la intención de agobiar o acosar psicológicamente a la víctima.

Todo ello constituye un proceso dirigido a señalar, marcar o estigmatizar a la víctima, que termina marginada y aislada socialmente.

EL *MOBBING* COMO ASESINATO PSICOLÓGICO

El *mobbing* opera un lento deterioro de la confianza de la víctima en sí misma y en sus capacidades profesionales e inicia un continuo proceso de desvaloración personal, consistente en la destrucción de su autoestima. Los sentimientos de inadecuación de la víctima son cada vez más numerosos:

- ¡No valgo para nada!
- ¡No doy una a derechas!

- ¡No puedo con este trabajo!
- ¡Soy un inútil!

La víctima de *mobbing* termina creyendo que verdaderamente ha debido cometer errores, fallos o incumplimientos graves y terribles, aceptando dócilmente la culpabilidad, generándose así efectos perniciosos sobre su salud psíquica.

Debido a la falta de comprensión suficiente de lo que le ocurre, el trabajador suele somatizar el conflicto de tal manera que se generan enfermedades físicas que previamente no existían. Se trata de una reacción del organismo al hostigamiento sin explicación.

El acoso psicológico es un problema incómodo para la organización en la que se produce y la reacción normal de ésta es el desarrollo de un tipo de síndrome de negación. Un caso de *mobbing* nunca es una buena noticia y ello explica la tendencia a camuflar o a desviar el diagnóstico. Las organizaciones suelen tender a justificar el acoso psicológico haciéndolo pasar por estrés, problemas psicológicos de la víctima, problemas de relación particulares entre personas, ausencia de liderazgo, sobrecarga de trabajo, etcétera. Cuando la situación llega a cierta entidad, se produce la necesidad de instruir el caso. La información llega a los departamentos de personal, normalmente encargados de las situaciones de acoso psicológico, con el estigma previo y el prejuicio ya proyectado, y a veces extendido calumniosamente por el acosador, de que la víctima «tiene problemas de personalidad», «es una persona conflictiva o problemática», «está enferma» o «tiene problemas en casa». De este modo los que acosan pretenden presentar el efecto como causa, invirtiendo de forma manipuladora los hechos.

La percepción de la opinión pública sobre la persona acosada es también manipulada hábilmente por el grupo que acosa. Así es como todos terminan culpabilizando a la víctima de lo que le ocurre mediante atribuciones causales creadas *ad hoc* del tipo:

- Se lo ha buscado.
- Algo habrá hecho.
- Tiene que cambiar.
- Tiene que arreglarse con el acosador.

La víctima entra en un deterioro considerable de su salud y se produce el aislamiento social. Los problemas de salud son consecuencia de la alteración del equilibrio socioemotivo y psicofísico que produce el acoso en una persona, y no efecto de problemas psicopatológicos previos. Los síntomas más frecuentes que presentan son: insomnio, ansiedad, estrés, irritabilidad, hipervigilancia, fatiga, cambios en la personalidad, problemas de relación con la pareja y depresión.

Esta alteración del equilibrio emocional y físico es el efecto de una desestabilización que se ha ejercido contra la víctima. Esta desestabilización tiene perniciosos efectos sobre el desempeño laboral, que se va a ver alterado o modificado a la baja. El trabajador se sentirá cada vez más inseguro, torpe e indeciso. Le costará más concentrarse y tomar decisiones que previamente no le suponían dificultad. La irritabilidad le va a generar un estado de crispación que generará incidentes críticos y conflictos con otras personas.

Se explica que comience a caer enfermo frecuentemente, con una serie de bajas laborales que suelen ser perversamente utilizadas por el acosador para perjudicar su imagen pública señalándole como alguien que «no colabora», se «escaquea del trabajo», «no es buen compañero», «es un cara» o incluso que «ya no resulta eficaz o productivo para la organización». A veces la no cobertura deliberada de la baja hace que su trabajo recaiga durante su ausencia sobre los demás compañeros, que recibirán después «de uñas» al trabajador a la vuelta.

El desenlace habitual de la situación de *mobbing* suele significar la salida de la víctima de la organización de manera voluntaria o forzosa. Lo más frecuente es que se articule un despido para el que se ha ido construyendo paso a paso una causa.

Cuando no es posible la salida de la organización mediante el despido, el daño psicológico termina haciendo el resto, obligando a que la víctima renuncie prematuramente a su trabajo o solicite un traslado a otras dependencias lejos del lugar de acoso, o incluso que pase a una situación de incapacidad laboral permanente por las secuelas y el daño sufrido.

La recuperación definitiva de la víctima suele llevar años y, en casos extremos, no recupera jamás su capacidad para el trabajo. El profesor Leymann compara la gravedad de las secuelas en las víctimas de *mobbing* con las de las grandes catástrofes naturales. Nuestra experiencia terapéutica con las víctimas de *mobbing* ratifica sin ninguna duda su valoración.

En muchos casos, el *mobbing* persiste incluso después de la salida de la víctima de la empresa, con informes negativos o calumniosos a futuros empleadores, eliminando así la empleabilidad externa de la víctima. Se trata de una especie de re-*mobbing*.

Los estudios desarrollados por la Universidad de Alcalá y nuestra experiencia de trabajo de recuperación o *coaching* con las víctimas revelan una mayor proporción de casos de *mobbing* en algunas profesiones. Los profesionales más frecuentemente afectados son los funcionarios y el personal laboral contratado de las administraciones públicas (central, autonómica o local), los trabajadores de la enseñanza primaria, media o universitaria, los trabajadores de la salud (médicos y enfermeras en especial), los cuidadores de guarderías y escuelas infantiles, el personal de hostelería y turismo, el personal de bancos e instituciones financieras, así como los miembros de organizaciones denominadas ideológicas (instituciones y organizaciones caritativas o religiosas, partidos políticos, sindicatos). En general, todo el sector de los servicios resulta afectado en mayor proporción.

«Algo habrá hecho»:
el desarrollo de la culpabilidad de la víctima

Muchas personas que no conocen a fondo el problema del *mobbing* o acoso psicológico en el trabajo, o que no lo han presenciado jamás en su entorno laboral, suelen creer erróneamente que el *mobbing* le sucede preferentemente al trabajador mediocre, al incumplidor, a aquel que falla en el ejercicio de sus obligaciones laborales o al que «mete la pata» continuamente.

Esta proyección de culpabilidad sobre las víctimas de

mobbing procede de un mecanismo de defensa que desarrollan personas «normales» que atribuyen la culpabilidad a las propias víctimas de cualquier proceso de esta naturaleza, pensando que «puesto que se les está convirtiendo en víctimas, algo habrán hecho» para merecerlo. Esto nos mantiene tranquilos a todos los que «sabemos a ciencia cierta» que «a quien no lo merece no le pasan cosas terribles como el *mobbing*».

Este tipo de error de atribución, ampliamente estudiado por la psicología desde hace varias décadas, produce una segunda victimización social de la persona objeto de *mobbing*. En general, la mayoría adjudica inconscientemente la responsabilidad de lo que le ocurre a la propia víctima de *mobbing*. Las mismas familias de las víctimas suelen cuestionar permanentemente a la víctima sobre su desempeño, sus actitudes, su comportamiento, etcétera. Con ello rematan en el hogar, sin saberlo, la actuación que los hostigadores laborales inician en el trabajo.

Esta sistemática atribución de culpabilidad contra la víctima de *mobbing* afecta asimismo a los compañeros de trabajo, mandos, y hasta representantes sindicales que, en un intento de salvaguardar su seguridad psicológica, tienden a pensar algo así como: «A mí nunca me ocurriría pues soy un trabajador cumplidor y una buena persona. No como la víctima».

Con el desarrollo de este mecanismo de defensa, los compañeros que al principio del proceso de acoso eran neutrales o hasta favorables a la víctima de *mobbing* suelen transformarse en cooperadores necesarios, tácitos consentidores o testigos mudos de las agresiones que presencian en el trabajo.

El perfil positivo de las víctimas

Contrariamente a las apariencias, y a lo que suelen querer proyectar los agresores, la mayoría de los investigadores coinciden en señalar que el *mobbing* afecta a trabajadores válidos, capaces, bien valorados y creativos. Nuestra propia investigación sobre *mobbing* procede del trabajo terapéutico con adultos superdotados a los que encontramos que se acosaba en sus trabajos de forma reiterativa.

Suelen ser los mejores de la organización los que pueden resultar afectados de manera preferente por el *mobbing*. Los trabajadores más brillantes o dotados pueden ser más fácilmente objeto de los celos profesionales o la envidia de otros, por entender que son amenazantes para ello. También es fácil encontrar entre las víctimas de *mobbing* a aquellos trabajadores que se han negado a participar en acciones regales o en fraudes que perjudican a la organización, a clientes o a trabajadores. Haberse resistido a participar, a colaborar o a «mirar a otro lado» mientras se producían «enjuagues» suele desencadenar en muchas ocasiones el acoso psicológico contra ellos como personas peligrosas por lo que conocen o han presenciado.

Otro perfil de trabajadores afectados por el *mobbing* lo constituyen aquellos que presentan un exceso de ingenuidad o buena fe y que no hacen frente desde el principio a quienes les intentan perjudicar. Estas personas pacíficas, no confrontativas, se resisten a ver el mal en el otro y tardan demasiado tiempo en advertir la trampa de quienes los quieren destruir.

En ocasiones se selecciona como víctimas a aquellas personas que presentan un factor de mayor vulnerabilidad personal, familiar o social. No es extraño encontrar a personas discapacitadas, con enfermedades crónicas, enfermos en convalecencia, personas que han padecido agresiones o malos tratos, víctimas de violencia doméstica, etcétera. En su caso, la probabilidad de hacer frente a los acosadores disminuye, y se ve incrementada la impunidad de éstos frente a las víctimas.

Chivos expiatorios en las organizaciones

La selección de un tipo de chivo expiatorio especialmente indefenso puede hacerse de manera consciente o inconsciente por los acosadores. Ello sirve frecuentemente para distraer la atención de otras situaciones que no interesa reconocer y para rehacer momentáneamente la paz y la unanimidad a costa de destrozar a un trabajador.

Suelen seleccionarse como objetivos o dianas de manera preferente:

- Trabajadores que tienen mayor «probabilidad de ser envidiados» por sus características personales, sociales o familiares, por su éxito social, familiar o profesional, su prestigio, su buena fama, o por otra razón que resulta evidente para el entorno laboral.
- Trabajadores especialmente amenazantes para el *statu quo* de la organización: innovadores, creativos, progresistas, defensores de los derechos de otros, solidarios, experimentales, etcétera.
- Trabajadores que amenazan el *statu quo* irregular o fraudulento de una organización: los que denuncian

irregularidades, infringen normas informales injustas o lesivas para sus derechos, no aceptan el chantaje o el sometimiento, la injusticia o el fraude, o son autoafirmativos o asertivos en sus derechos.
- Trabajadores más vulnerables por carecer de apoyos o de valedores internos o externos, que presentan situaciones de aislamiento social o proceden de entornos marginales.
- Trabajadores que presentan una mayor vulnerabilidad física, como es el caso de trabajadores discapacitados, enfermos crónicos o convalecientes de enfermedades.
- Trabajadores que se diferencian de la mayoría por algún rasgo o característica: inteligencia, apariencia física, género, orientación sexual, ideología política, religión, procedencia geográfica, etc.
- Trabajadores recién llegados o recién integrados en las unidades o departamentos, contra los que es más fácil generar un síndrome de «cuerpo extraño». Se explica por qué los trabajadores jóvenes son los más frecuentemente seleccionados por los maltratadores.
- Trabajadores con situaciones sociales, personales o familiares positivas, con situaciones económicas desahogadas o de elevado prestigio social.
- Trabajadores especialmente vulnerables por sus características laborales y sociolaborales: jóvenes con contrato temporal, inmigrantes, mujeres solteras, separadas o divorciadas, con familia o hijos a su cargo, trabajadores entrados en edades de difícil recolocación en el mercado laboral, trabajadores en situaciones de prejubilación, etc.

Este tipo de selección de los «objetivos» nos permite explicarnos por qué las víctimas de *mobbing* presentan determinados rasgos personales y por qué encontramos determinados perfiles entre las víctimas del acoso psicológico como son:

- Personas con elevada ética, honradez y rectitud, así como un alto sentido de la justicia.
- Personas con características que difieren de la mayoría de los trabajadores existentes en el lugar de trabajo (inmigrantes, minorías, mujeres, jóvenes, trabajadores mayores).
- Personas autónomas, independientes y con iniciativa.
- Personas altamente capacitadas por su inteligencia y aptitudes, que destacan por su brillantez profesional.
- Personas populares, líderes informales entre sus compañeros o con carisma para liderar grupos.
- Personas con un alto sentido cooperativo y de trabajo en equipo.
- Personas con elevada capacidad empática, sensibilidad, comprensión del sufrimiento ajeno e interés por el desarrollo y el bienestar de los demás.
- Personas con situaciones personales o familiares altamente satisfactorias y positivas.
- Personas en situaciones de alta vulnerabilidad: jóvenes, minusválidos, inmigrantes, trabajadores de edad, enfermos crónicos, personas atravesando problemas familiares (separación, divorcio).

El *mobbing* como violencia de género

La mayoría de los casos de *mobbing* tiene a mujeres trabajadoras como víctimas (54 por ciento de los casos frente a un 46 por ciento de casos de hombres), lo cual nos hace insistir una y otra vez en que el *mobbing* es un tipo más de violencia de género. Ser mujer incrementa la probabilidad de padecer *mobbing* en el trabajo. Las mujeres trabajadoras suelen ser frecuentemente los chivos expiatorios de muchas organizaciones en las que los valores democráticos, cívicos o, simplemente, los derechos humanos aún no han calado suficientemente.

En muchas organizaciones «feudales» todavía hoy se decreta la persecución contra aquellas trabajadoras «díscolas» que osan casarse o ser madres sin resignarse a dejar su trabajo «para dedicarse en exclusiva al cuidado de la prole». La persecución de aquellas que se atreven a transgredir normas no escritas que les impiden el ejercicio de sus derechos ofrece además un efecto disuasorio sobre las demás. Otras trabajadoras, excepcionalmente competentes en su campo profesional, se ven no sólo discriminadas en sus carreras profesionales, sino también perseguidas por suponer una amenaza para otros trabajadores varones que no aceptan que una mujer pueda subir tan deprisa o situarse por encima de ellos.

Para desgracia de muchas trabajadoras, a una situación ya grave de acoso sexual viene a sumarse con frecuencia una situación de acoso psicológico. En estos casos, la víctima chantajeada sexualmente supone una amenaza potencial pues puede denunciar los hechos. Es necesario librarse del peligro que significaría una denuncia y anticiparse difamando a la víctima e intentando librarse de ella cuanto antes. La mayor incidencia del *mobbing* está directamente relacionada con la discriminación laboral que sufren muchas mujeres. No olvidemos el dato esclarecedor de que en muchos casos una mujer gana un 30 por ciento menos que un hombre desempeñando el mismo trabajo.

Los hombres por lo general tardan más tiempo en caer en la cuenta de que padecen el problema y son, además, más reacios a reconocerse como víctimas de *mobbing*. Respecto a la proporción de denuncias de *mobbing* hay una diferencia de 70-30 por ciento a favor de las mujeres.

Los efectos del acoso psicológico

El daño psicológico inferido a la víctima es enorme. Los daños del *mobbing* son atribuibles a las agresiones que reciben las víctimas y no a simulaciones, a fabulaciones o a delirios. Se trata de un tipo de agresión que daña no por la ocurrencia casual sino por la sistematicidad y focalización de que es objeto la víctima. Tan sólo la mitad de las personas acosadas psicológicamente manifiestan secuelas psicológicas y/o físicas, por lo que no se debe esperar a acreditar algún tipo de daño psicológico para establecer un caso de *mobbing*.

La víctima de las agresiones va perdiendo gradualmente la fe y la confianza en sí misma, a consecuencia de lo cual se ven afectados diferentes aspectos de su vida. Entra en un tipo de estrés creciente que va minándola físicamente y que termina haciéndose crónico e inespecífico, dando lugar a multitud de afecciones o enfermedades somáticas crónicas, que suelen conducir a la baja laboral, incapacidad temporal o incluso incapacitación permanente. La calidad del trabajo y la eficacia del trabajador se ven alteradas a la baja, proporcionando de este modo nuevos argumentos al acosador para seguir justificando su agresión a la víctima e incrementando perversamente la percepción pública de que se trata de un castigo merecido por parte de ésta.

Los problemas de salud tienen origen en la situación de estrés crónico, ansiedad y angustia. Ello explica que el organismo se vaya deteriorando y que comiencen a aparecer enfermedades que obligan a la baja laboral del acosado. A partir de ese momento, el hostigador dispondrá de nuevas razones en contra del acosado, como el absentismo, la interferencia en el trabajo de una mala salud, la baja productividad, las alteraciones de la personalidad, etc. El trabajador acosado recibe la evidencia de que los mensajes acusatorios de los hostigadores tienen una entidad real. Es entonces cuando se desarrollan sentimientos de culpa y de indefensión; la persona queda paralizada ante el hostigamiento que recibe. El miedo de la víctima a perder su puesto de trabajo por un despido, o a tener que abandonarlo por problemas de salud o por baja laboral continuada, no hace sino incrementar su ansiedad y realimentar el cuadro de estrés postraumático y las reacciones somáticas.

El trabajador afectado por *mobbing* sufre alteraciones emocionales y de la personalidad que repercuten en su esfera de relaciones sociales y familiares, generando problemas de relación social y de pareja. La proyección de su frustración e indefensión en el núcleo familiar y social cercano tiene los siguientes efectos:

- Agresividad con la familia, desencadenada por la frustración que genera el hostigamiento laboral (a veces se traduce en violencia doméstica con los hijos o el cónyuge).
- Aumento de la conflictividad en el ambiente familiar (tensión, incidentes, discusiones continuadas).
- Aumento de las enfermedades de los hijos y problemas escolares de falta de rendimiento.
- Retraimiento de la víctima con sus familiares y amigos.
- Abandono de los amigos y rechazo por parte de las personas de su entorno, cansados de los síntomas de estrés postraumático y de la «obsesión» de la víctima por su acoso.
- Falta de apoyo de los familiares ante los intentos de la víctima de hacer frente (legal o psicológicamente) al acoso.
- Estigmatización social en los sectores de actividad laboral próximos, eliminando la capacidad de encontrar un nuevo trabajo de la víctima.

El móvil del asesinato psicológico: encubrir la mediocridad

¿Cuál es el móvil de un «crimen» psicológico como el *mobbing*? Encontramos con frecuencia que el *mobbing* se utiliza como una cortina de humo sobre la inadecuación profesional del hostigador. Ya el profesor Leymann señalaba que son el miedo y la inseguridad que experimentan los acosadores hacia sus propias carreras profesionales, su propia reputación, su posición o *statu quo* en la organización lo que les lleva a denigrar y acosar a otras personas. De este modo se puede desviar la atención o desvirtuar las situaciones de riesgo para ellos, haciendo de las víctimas verdaderos chivos expiatorios de las organizaciones. («Conviene que un hombre muera y que se salve todo el resto.») Este miedo y esta inseguridad vienen determinados por la propia conciencia de mediocridad del acosador puesta en evidencia, muy a menudo de manera inconsciente, por la conducta profesional, ética y respetuosa de la persona que después resulta seleccionada como objetivo. La mera presencia de la víctima en el lugar de trabajo desencadena, debido a sus características diferenciales, una serie de reacciones inconscientes, causadas por los problemas psicológicos previos que presentan los hostigadores.

En otras ocasiones, el temor del acosador procede de la amenaza que supone para él el conocimiento por parte de la víctima de situaciones irregulares, ilegales o de fraudes.

El acoso comienza cuando se produce, por la razón que sea, una secreta y consciente resolución o decisión del hostigador de «ir a por» la víctima y de utilizar contra ella la violencia psicológica de forma sistemática y continuada.

Los agresores: jefes y compañeros mediocres

Los agentes tóxicos del acoso psicológico o *mobbing* suelen ser mayoritariamente jefes, aunque también existen acosadores entre los mismos compañeros e incluso entre los propios subordinados. Los datos del barómetro Cisneros de la Universidad de Alcalá señalan al jefe en dos de cada tres casos y a los compañeros en el 30 por ciento de las veces como agentes del hostigamiento. Un 4 por ciento son casos de *mobbing* de tipo ascendente.

Es frecuente la actuación de los acosadores en grupos, bandas o gangs de acoso. Los actos de hostigamiento suelen producirse de manera activa, consistiendo en este caso en gritos, insultos, reprensiones, humillaciones en público o en privado, falsas acusaciones, intromisiones y obstaculizaciones en el trabajo que reducen su eficacia y calidad.

Sin embargo, también se da el hostigamiento psicológico por omisión o de manera pasiva. Se desarrolla en forma de restricciones en el uso de material o equipos, prohibiciones u obstaculizaciones en el acceso a datos o información necesaria para el trabajo, eliminación del apoyo necesario para el trabajador, disminución o eliminación de la formación o el adiestramiento imprescindible para el empleado, negación de la comunicación con él, etc.

El camuflaje del crimen perfecto

Este tipo de violencia tiene la característica diferencial, respecto a otros tipos de violencia que se presentan en la organización, de no dejar rastro ni señales externas, a no ser las del deterioro progresivo de la víctima que es maliciosamente atribuido a otras causas, como problemas de relación o de personalidad, carácter difícil, incompetencia profesional, etc. Se trata, por ello, de un «crimen» perfecto del que no queda huella. Un asesinato silencioso y limpio, del que no queda rastro y en el que la carga de la prueba suele resultar complicada y costosa. Por eso se ha afirmado, con respecto al *mobbing,* que el lugar de trabajo es el último campo de batalla en el que se puede matar a alguien sin correr ningún riesgo de ser llevado ante un tribunal.

En ocasiones se produce la agregación de otras personas al linchamiento psicológico, que pueden ser animadas, motivadas, «compradas» o, sencillamente, coaccionadas para que participen en el acoso. En este caso suele hablarse de «gang» o «banda» de acosadores. La unanimidad persecutoria es una de las derivaciones finales más frecuentes en los casos de acoso psicológico en el trabajo. Cuando la mayoría de los compañeros termina sumándose al linchamiento resulta especialmente difícil defender la inocencia del trabajador acosado y el «asesinato psicológico» resulta casi perfecto. Ese «todos contra uno» acredita la existencia de una reacción de violencia colectiva propia de los linchamientos y de los fenómenos de chivo expiatorio. Es justamente esa unanimidad la que acredita el *mobbing*.

«Todo es por el bien de la organización o del trabajador»

Es necesario establecer aquí una importante distinción. El acoso psicológico laboral o *mobbing* trasciende y supera con mucho lo que algunas personas podrían describir como tener un jefe difícil o «duro». Existe una gran diferencia entre el acoso psicológico y la presión a la que puede someter a su equipo un manager impositivo, con el fin de cumplir plazos o de incrementar la calidad o la productividad. No todas las situaciones tensas entre los trabajadores y sus responsables jerárquicos deben atribuirse sin más a la existencia de *mobbing*. Tampoco puede catalogarse como *mobbing* la existencia o recurrencia de un conflicto de intereses o un conflicto colectivo. Tampoco el estrés laboral es equivalente a *mobbing*. Es importante diferenciar unas situaciones de otras.

En los casos de *mobbing* se produce un proceso de intención recurrente que persigue destruir al objetivo elegido, y una animadversión continuada y focalizada con manifestaciones destructivas evidentes. Por ello esta destructividad no puede tener la intencionalidad de mejorar la calidad del trabajo o los resultados de la organización. Más bien pretende lo contrario.

El trato vejatorio y ultrajante del *mobbing* tiene por objeto acabar con el equilibrio y la resistencia psicológica del otro, minándolo y desgastándolo emocional y físicamente. Se pretende así generar el error, la equivocación, el daño, la pérdida de la eficacia y la destrucción de la capacidad de encontrar empleo del trabajador.

El rasgo característico del acoso psicológico es que los ataques se producen en una escalada creciente, hasta llegar a extremos imposibles de soportar para el acosado. Debido a ello, en un 90 por ciento de los casos el acoso suele terminar con la salida de la persona de la organización, con daños psicológicos o físicos y, a veces, incluso con intentos de suicidio.

A pesar de que se simule lo contrario por el acosador, el *mobbing* no pretende la mejora de la organización sino que se produce en detrimento de la capitalización intelectual de ésta. Las falsas pretensiones del acosador de actuar de buena fe, buscando la mejora del trabajador o de su desempeño, o su reivindicación de velar por los intereses de la organización, por la calidad del trabajo y la satisfacción de los clientes encubren el verdadero objetivo que persigue, que no es otro que excluir mediante el acoso a la víctima, forzándola a abandonar el lugar de trabajo, con vistas a:

- Ahorrar una indemnización para la cuenta de explotación del responsable de la empresa o departamento.
- Eliminar de la circulación a un posible o probable competidor en la carrera hacia la promoción interna.
- Dar un ejemplo de lo que les puede suceder a aquellos que se «desmanden» o no se sometan servilmente.
- Sustituir a la víctima con una persona a la que se quiere hacer «heredar» su puesto.
- Reforzar un tipo de estilo de mando, basado en el terror y la amenaza.
- Desviar la atención de situaciones graves o actuaciones negligentes, focalizando el origen del mal funcionamiento en la satanización de la víctima, responsable de todos los males.
- Reducir la conflictividad entre personas de la unidad o el departamento haciendo la paz a expensas de una víctima propiciatoria, que paga con el *mobbing* la unidad que se rehace mediante este mecanismo.

CADÁVERES EN EL ARMARIO

El *mobbing* es un patrón reiterativo de comportamiento que se produce en determinadas organizaciones tóxicas, en las que se prodiga un tipo de hostigadores con características psicopatológicas claras; éstos aprovechan el caldo de cultivo que les proporcionan dichas organizaciones para actuar impunemente. Por eso, cuando trabajamos atentamente sobre cada caso de *mobbing* descubrimos casi siempre que en el pasado profesional del acosador y de la organización suelen existir lo que llamamos «cadáveres en el armario».

Los hostigadores suelen tener un florido y variopinto pasado «criminal», en el que otras personas fueron ya eliminadas del lugar de trabajo mediante variados métodos y con diferentes grados de destrucción psíquica. Una detallada investigación, que se remonte a diez o incluso veinte años atrás, puede llevar a descubrir en la misma organización casos en los que otras personas padecieron *mobbing* por parte del acosador. Ello se explica desde la psicología del hostigador, basada en la necesidad continuada y creciente de encubrir su mediocridad e ineptitud, compensando así profundos sentimientos de inadecuación mediante la aniquilación de otras personas, utilizadas en beneficio propio como chivos expiatorios.

El efecto de este comportamiento repetitivo es la configuración de una personalidad patológica que ha aprendido, mediante una experiencia práctica de años de acoso (que le proporcionan refuerzo), a sobrevivir usando perniciosamente este tipo de comportamiento como herramienta para enfrentarse a sus profundos complejos, así como al miedo y la inseguridad que siente ante el entorno y ante sí mismo. Por decirlo así, ha aprendido a usar a otras personas, destruyéndolas, para superar crisis personales y organizativas.

Así es como una organización deriva en tóxica. Lo son

todas aquellas en las que los hostigadores encuentran un basamento o apoyo tácito o explícito con el que contar para hostigar impunemente. Por ello urge que la legislación, junto con las políticas de prevención contra el *mobbing* en las organizaciones, desincentiven el comportamiento de acoso mediante su persecución y penalización. De lo contrario, el círculo vicioso no hace más que reforzarse, ampliándose las nefastas consecuencias del psicoterror laboral a futuras víctimas en la misma organización o en otras en las que el acosador encuentre terreno propicio.

La verdad de las víctimas

Muy poca atención se ha prestado a las razones que dan, en consultas y juzgados, las personas que han padecido en algún momento el *mobbing*.

Las razones más frecuentes por las que creen que fueron objeto del acoso psicológico en sus trabajos son:

- Haberse resistido a ser manipuladas por el acosador, a diferencia de otros compañeros que no ofrecieron resistencia.
- No haber caído en el servilismo o la sumisión.
- Haber despertado los celos del acosador, debido a una competencia laboral extraordinaria.
- Haber suscitado envidia debido a habilidades sociales (simpatía, don de gentes, actitud positiva, aprecio y reconocimiento por parte de los demás).
- Haber tirado de la manta en temas mantenidos ocul-

tos de manera ilegal o ilícita, o bien no haber querido participar en «enjuagues».
- Haber sido víctima de la personalidad cruel y «enfermiza» del acosador.
- Haber despertado celos debido a una situación personal o familiar feliz.

La asistencia profesional del psicólogo: el entrenamiento en supervivencia

La realidad es que la víctima de este proceso de destrucción tarda un promedio de entre 15 y 18 meses en percibir lo que le está sucediendo. Cuando por fin cae en la cuenta, suele ser tarde, y el daño psicológico bajo forma de estrés postraumático, trastornos de ansiedad, depresión y somatizaciones variadas ya se ha desarrollado.

Cuando las personas se animan a solicitar asistencia especializada, los psicólogos que las asistimos y apoyamos terapéuticamente observamos una enorme confusión, casi siempre acompañada de sentimientos de culpabilidad, indefensión y baja autoeficacia, origen de numerosos trastornos graves. Las víctimas, con frecuencia, acuden con un sentimiento de confusión y duda, y sienten que no hay una explicación suficientemente válida para el sufrimiento que padecen. En un mar de sentimientos de culpa introyectados, creen que han obrado mal, que lo han hecho fatal, que son responsables de innumerables torpezas, que se han equivocado, que han cometido graves incumplimientos o fallos. Se reprochan a sí mismas, continuamente, todo cuanto hacen en medio de una creciente inseguridad.

El acompañamiento terapéutico debe ser propio del que se hace con una persona dañada y no tanto la terapia de un enfermo mental. Las víctimas de *mobbing* no son enfermos mentales sino personas dañadas. Por eso el tratamiento de la víctima de *mobbing* es más un *coaching* o entrenamiento que la terapia de una patología, y debe ser dirigido por profesionales debidamente acreditados y conocedores de este tipo de problema.

No es tanto el tratamiento de una persona psicológicamente «enferma» cuanto el de una persona que ha resultado dañada por una exposición continuada a un tipo de maltrato en el trabajo del que no ha podido o no ha sabido protegerse o defenderse. Siendo verdad que es responsabilidad de la organización que este riesgo laboral no se produzca, una vez que el daño se ha ocasionado, es imprescindible ayudar cuanto antes a la recuperación psicológica de la víctima. En ningún caso debería tratar de hacerse «resistente al *mobbing*» o «a prueba de *mobbing*» al trabajador afectado, mediante un tratamiento sintomático o exclusivamente farmacológico. El tratamiento debe acompañarse de una especial vigilancia y monitorización que garantice en el período de recuperación que estas personas no vuelvan a padecer situaciones lesivas en el ámbito laboral. De este modo trabajamos con la persona en la recuperación de su asertividad, su autoestima, su confianza en sí misma y su salud psicológica perdida.

Los períodos de recuperación psicológica son variables. Dependen de la adecuación del enfoque terapéutico así como de la constitución psicológica y los recursos personales de las víctimas. Resultan decisivos en el pronóstico y en la evolución terapéutica el tipo de hostigamiento psicológico padecido, su duración, sus modalidades y el apoyo organizativo, social y familiar que reciba la persona. Las estrategias terapéuticas correctas se centran en que el paciente termine afrontando la situación de hostigamiento, buscando romper el proceso de indefensión generado.

La ruptura de la indefensión es crucial y para ello es necesario animar a la persona a hacer frente al hostigamiento que recibe trabajando con ella en entrenamiento. Pretender que la víctima se aclimate simplemente al hostigamiento mediante fármacos, que huya o que abandone su lugar de trabajo son estrategias terapéuticas incorrectas, cuando no dudosamente éticas.

En las páginas que siguen se presentan las cuestiones que más frecuentemente atenazan a las víctimas que padecen el acoso psicológico en el trabajo, y a sus familiares y amigos. Se presentan con una serie de respuestas y consejos que pretenden servir como primera ayuda y no sustituir un tipo de tratamiento o *coaching* especializado cuando éste resulta imprescindible.

UN TEST ANTES DE CONTINUAR.
¿CORRE USTED EL RIESGO DE SUFRIR *MOBBING*?

Reflexione sobre las siguientes cuestiones sobre usted y su trabajo:

- ❑ ¿Puede decirse, sin equivocarse, que es usted una persona más inteligente o brillante que los demás?

- ❏ ¿Vive usted en un mundo regido por la confianza absoluta hacia los demás, al margen de cualquier sentido de precaución, desconfianza o alerta hacia ellos?
- ❏ ¿Puede decirse, sin equivocarse, que es usted una persona idealista o abogada de las causas justas?
- ❏ ¿Puede decirse, sin equivocarse, que es usted una persona más perfeccionista que la mayoría?
- ❏ ¿Ha tenido éxitos profesionales reconocidos de manera reciente?
- ❏ ¿Tiene usted sentimientos anormalmente intensos de culpabilidad?
- ❏ ¿Tiene usted expectativas negativas o pesimistas hacia el futuro?
- ❏ ¿Cree usted que su jefe siempre tiene razón y que no tiene defectos?
- ❏ ¿Es su empresa inestable o está siendo sometida a fuertes cambios estructurales?
- ❏ ¿Es su empresa una de ésas a las que se puede llamar «altamente competitiva» o «de alto rendimiento»?
- ❏ ¿Existen en la empresa problemas a la hora de describir los puestos de trabajo o identificar la estructura organizativa?
- ❏ ¿Existen prácticas discriminatorias mediante el favoritismo o nepotismo?
- ❏ ¿Se encuentra enfermo o recuperándose de una enfermedad que le ha mantenido postrado/a en cama durante algún tiempo?
- ❏ ¿Está experimentando algún trauma personal como una separación, dificultades financieras, aislamiento social, paralelamente a la falta de apoyo social externo?

- ❏ ¿Tiene un jefe incompetente que toma habitualmente decisiones equivocadas?
- ❏ ¿Supone usted una amenaza para la ambición o la carrera de otros?
- ❏ ¿Supone su presencia o su porte una amenaza o un disgusto para otros?
- ❏ ¿Padece algún tipo de discapacidad o minusvalía?
- ❏ ¿La gente se refiere a usted como «una persona de acción» o «dinámica»?
- ❏ ¿Es su jefe una persona sin ética o sin integridad?
- ❏ ¿Le cae mal a su jefe o tiene algún enemigo con «ascendente» sobre su jefe?
- ❏ ¿Es 10 años (o más) mayor en edad que la media del grupo de trabajo al que pertenece?
- ❏ ¿Es su jefe o compañero un manipulador?
- ❏ ¿Tiene usted más de 40 años?
- ❏ ¿Ha reclutado su compañía recientemente para una posición clave a un directivo cuya fama de reestructurador, «depredador», «tiburón» o «cortador de cabezas» le ha precedido?
- ❏ ¿Es usted competente —o es más competente— que sus ambiciosos compañeros o que su jefe?
- ❏ ¿Es usted popular entre sus compañeros?
- ❏ ¿Defiende los derechos de otros compañeros de trabajo?
- ❏ ¿Tiene problemas para comunicarse con sus compañeros de trabajo?
- ❏ ¿Tiene problemas de asertividad por exceso de pasividad o de agresividad?
- ❏ ¿Mantiene mayor lealtad a la empresa o a su jefe de la que se debe a sí mismo?

- ❑ ¿Tiene tendencia a compartir secretos, opiniones o sentimientos interiores con otros, incluso con desconocidos?
- ❑ ¿Tiene usted una abrumadora necesidad de ser aprobado por los demás?
- ❑ ¿Evita usted la confrontación con otros a toda costa?
- ❑ ¿Confía en su jefe, compañeros y subordinados de manera incondicional?
- ❑ ¿Puede decirse que la organización en la que trabaja es rígida o burocratizada?

Clave para interpretar las respuestas:

- Entre 0 y 6 respuestas afirmativas: presenta *baja probabilidad* de ser objeto de *mobbing*.
- Entre 7 y 15 respuestas afirmativas: presenta un riesgo moderado de ser objeto de *mobbing*.
- Entre 16 y 25 respuestas afirmativas: presenta un riesgo elevado de ser objeto de *mobbing*.
- Entre 26 y 36 respuestas afirmativas: presenta un riesgo muy elevado de ser objeto de *mobbing*.

2

Cómo identificar el *mobbing*

> El problema más importante del acoso psicológico es su carácter trivial. El hecho de que muchas personas lo perciban como algo natural o esperable en un trabajo y no como una patología organizativa.
>
> La banalización del maltrato hace que muchos trabajadores hayan terminado creyendo que va en el salario ser hostigados, que se les retribuye a cambio de la destrucción de su autoestima o de su salud.
>
> BARÓMETRO CISNEROS

¿EN QUÉ CONSISTE EL ACOSO PSICOLÓGICO EN EL TRABAJO O *MOBBING*?

El acoso psicológico en el trabajo o *mobbing* consiste en un continuado, deliberado y degradante maltrato verbal y modal que recibe un trabajador por parte de otro u otros compañeros, subordinados o jefes, que se comportan con él cruelmente con vistas a lograr su aniquilación o destrucción psicológica, y a obtener así su salida de la organización a través de diferentes modalidades ilícitas. Desde una perspectiva psicológica, el *mobbing* consiste en una modalidad de violencia psicológica ejercida en el ámbito laboral.

Jurídicamente, el *mobbing* se concreta siempre en un atentado continuado contra la dignidad del trabajador y los derechos que están asociados a ésta.

Desde la perspectiva médica el *mobbing* no es una enfermedad nueva, sino un comportamiento lesivo que genera una serie de enfermedades en quienes son sus objetivos.

Desde la óptica de la seguridad y la salud laboral el *mobbing* es un tipo de riesgo psicosocial emergente que tiene que ver con una serie de déficits o patologías organizativas que es necesario evaluar y prevenir.

> El *mobbing* no es una enfermedad.
>
> La víctima de *mobbing* no es un enfermo mental sino un trabajador dañado.
>
> La responsabilidad del *mobbing* pertenece en último término a la organización como garante del derecho a la dignidad del trabajador y a que su trabajo no le perjudique.

¿EXISTE UNA DEFINICIÓN DE *MOBBING*
O ACOSO PSICOLÓGICO EN EL TRABAJO?

El psicólogo y profesor de la Universidad de Estocolmo Heinz Leymann fue el primer experto europeo en proporcionar una definición técnica del *mobbing* como «el encadenamiento sobre un período de tiempo bastante corto de intentos o acciones hostiles consumadas, expresadas o manifestadas, por una o varias personas, hacia una tercera: el objetivo». El *mobbing* es, según Leymann, «un proceso de destrucción que se compone de una serie de actuaciones hostiles, que, tomadas de forma aislada, podrían parecer anodinas, pero cuya repetición constante tiene efectos perniciosos».

Más tarde, en 1999, la psiquiatra M. F. Hirigoyen señaló que todo comportamiento abusivo (gestos, palabras, comportamientos, actitudes...) que atenta por su repetición y sistematicidad a la dignidad o a la integridad psíquica o física de una persona, poniendo en peligro su empleo o degradando el clima de trabajo, supone un comportamiento de acoso psicológico (moral).

En el año 2001, y con ocasión de la publicación en España por parte del autor del primer libro monográfico sobre *mobbing*, *Mobbing: cómo sobrevivir al acoso psicológico en el trabajo* y de su presencia en la sesión del Senado de 19 de junio de 2001 que aprobó por unanimidad una resolución sobre el acoso psicológico, definíamos el *mobbing* como: «El continuado y deliberado maltrato verbal y modal que recibe un trabajador por parte de otro u otros, que se comportan con él cruelmente con el objeto de lograr su aniquilación o destrucción psicológica y obtener su salida de la organización a través de diferentes procedimientos ilegales, ilícitos o ajenos a un trato respetuoso o humanitario y que atentan contra la dignidad del trabajador». Señalábamos entonces cómo el objetivo de la práctica del *mobbing* es «intimidar, apocar, reducir, aplanar, amedrentar y consumir, emocional e intelectualmente, a la víctima, con vistas a eliminarla de la organización y a satisfacer la necesidad insaciable de agredir, controlar y destruir que suele presentar el hostigador, que aprovecha la ocasión que le brinda la situación organizativa particular (reorganización, caos, desorganización, urgencia, reducción de costes, burocratización, cambios vertiginosos, etc.) para canalizar una serie de impulsos y tendencias psicopáticas». (Piñuel, ob. cit.)

> Con el *mobbing* se busca la exclusión laboral de la víctima, es decir: su salida en último término de la organización.
>
> La continuidad en el tiempo y la focalización sobre la víctima prueban que no es un comportamiento casual o puntual.
>
> El *mobbing* supone la persecución de un trabajador sin causa suficiente.

¿*MOBBING*, ACOSO MORAL O ACOSO PSICOLÓGICO EN EL TRABAJO?

Mobbing es una palabra inglesa que se ha incorporado al resto de las lenguas europeas para definir este problema. El correlato correcto del término *mobbing* en castellano debe ser «acoso psicológico en el trabajo». La denominación «acoso moral», que se usa a veces, es abiertamente incorrecta. No se trata del acoso a la moral o a la ética o a las buenas costumbres de la víctima. Si tuviéramos que calificar este tipo de acoso, deberíamos decir más bien acoso «inmoral». Los términos *acoso laboral* o *acoso en el trabajo* son incompletos y generan confusión con otras posibles situaciones de acoso como es el acoso sexual.

La palabra «acoso» presenta la misma raíz que «acuso». El término *acusatio,* del latín *ad causam,* nos remite a las acusaciones, cuyo papel es central en los comportamientos de *mobbing*. No importa lo que hace el trabajador víctima de este proceso, siempre está todo mal, su desempeño es siempre deficitario. Para conseguirlo, se van a tomar pequeños errores, nimiedades que no importan realmente para la valoración y el desempeño del trabajo como argumentos para hostigar y fustigar a la persona. A este trabajador se le va a atribuir no sólo un desempeño negativo, sino una mala actitud, una mala intención e incluso una perversidad intrínseca en todos sus comportamientos en la organización. Poco a poco, la persona va a tener también evidencia de que las acusaciones que están profiriendo contra ella tienen alguna base objetiva; el desempeño de la propia víctima va a verse alterado a la baja por el *mobbing*, y esto le devuelve un *feedback* negativo que, efectivamente, muestra que tienen razón aquellos que la acusan. La víctima de *mobbing* cree que es una mala trabajadora, e incluso que es una mala persona.

El *mobbing* no se termina en el mero desempeño. Los ataques avanzan y se desarrollan incluso en la esfera personal, atacando sobre todo al concepto que tiene la persona de sí misma. Así es como un trabajador, inicialmente válido o incluso brillante, pasa a ser una sombra de lo que fue. Se transforma en un trabajador que piensa que todo lo hace mal, que cree que verdaderamente es un desastre, y que tienen razón aquellos que lo acusan de que todo cuanto hace en su trabajo está mal. Por tanto, comienza a tener un pésimo concepto de sí mismo como trabajador, que le produce ante las nuevas acusaciones paralización y daño psicológico a medio o largo plazo.

El objetivo habitual de este proceso de aniquilación es destruir su desempeño para inducir o facilitar su salida, abandono o exclusión de la organización.

> El acoso psicológico tiene por objeto la destrucción psicológica del trabajador mediante un procedimiento sistemático de «acusación».
>
> El acoso psicológico destruye la autoestima del trabajador, que termina creyéndose inadecuado, incapaz y torpe para realizar un trabajo que anteriormente realizaba bien.
>
> El efecto del acoso es un desempeño perjudicado o alterado perversamente a la baja en el trabajador, que le confirma que los ataques que le dirigen están justificados.
>
> La víctima del proceso acusatorio desarrolla sentimientos de culpa e indefensión que la dejan paralizada ante los ataques.
>
> El final del proceso opera la inversión en el concepto de sí mismo de una persona, que termina sintiéndose malvada o perversa.

¿Es el acoso psicológico o *mobbing* una forma de conseguir que se trabaje mejor o con mayor eficacia?

Algunos pretenden justificar el acoso psicológico en el trabajo argumentando que es una forma o una estrategia dirigida a hacer que el trabajador trabaje mejor o con mayor eficacia. Contrariamente a lo que suele creerse, el objetivo de practicar *mobbing* contra un trabajador no es mejorar su trabajo, elevar su rendimiento, ayudarle o animarle a aprender, a ir más rápido o a llegar a cumplir con los plazos, sino todo lo contrario. Se trata de eliminar a un trabajador de su puesto de trabajo por diferentes malas artes.

Por ello el *mobbing* no puede jamás presentarse como una herramienta de *management* o gestión al servicio de la mejora en los resultados de una unidad o departamento. Se trata de un modo de hostigamiento, de una estrategia destructiva que termina con el capital intelectual humano de la organización.

El objetivo último que suele perseguir el *mobbing* es lograr la destrucción o aniquilamiento psicológico de un trabajador con vistas a poder librarse de él o excluirle más fácilmente de su puesto de trabajo. No es por tanto la mejora del rendimiento lo que se pretende, aunque a veces el agresor lo simule para camuflar bajo justas razones sus impulsos psicopáticos y su mala intención. Lo que cabe esperar del acoso psicológico es el empeoramiento del rendimiento y con ello perjudicar la valoración y la imagen del trabajador perseguido. Lo que se busca es la exclusión y no la mejora o la productividad.

> El *mobbing* supone una forma rápida de desangrar una organización por medio de la destrucción de su capital intelectual humano.
>
> La moderna dirección de personas se basa en el desarrollo de la confianza y los estilos de liderazgo integradores y participativos.
>
> El *management* del tipo «la letra con sangre entra» es falso y acarrea resultados empresariales negativos a medio plazo.
>
> La filosofía corporativa que prima la competitividad destructiva sobre la cooperación está abocada al fracaso.
>
> Los estilos de mando feudales son propios de organizaciones cerradas, rígidas y obsoletas. El subordinado no

> es un vasallo. Posee derechos irrenunciables reconocidos y ejercitables.
>
> El *mobbing* instala el miedo o psicoterror en la organización. Nadie puede aprender nada en un clima de terror. Por eso el *mobbing* es incompatible con las «organizaciones del aprendizaje».

¿Por qué se hace *mobbing* a un trabajador?

Las razones de los agresores para desencadenar el *mobbing* son variadas. La explicación común a la mayoría de los casos reside en que el trabajador que resulta objeto de *mobbing* es o se ha convertido en alguien que, por alguna razón, resulta amenazante para el grupo que le hostiga. El término *mobbing* proviene de la etología y empezó a emplearse para describir la reacción defensiva de un grupo de animales débiles que, ante la amenaza de un animal más fuerte, se unen para atacarle.

El factor más frecuentemente aducido en los barómetros Cisneros por quienes padecen acoso psicológico en el trabajo son los celos por una competencia o capacidad profesional extraordinaria.

La víctima suele ser envidiada por la aceptación o el aprecio que despierta entre sus compañeros, subordinados, jefes, pacientes o clientes, por su don de gentes, por evaluaciones positivas o felicitaciones recibidas por su trabajo.

El *mobbing* puede desencadenarse también por no haberse dejado manipular por otros, o por no ser de la cuerda de quienes manejan el *statu quo* en esa organización. En ambientes laborales penetrados por facciones, grupos de interés, camarillas de poder, «mandarinatos», etc., el *mobbing* suele consistir en exterminar laboralmente a aquel o aquellos adversarios irreductibles que no se dejan comprometer o comprar y que resultan amenazantes para los manejos de aquéllos. En ocasiones el trabajador es objeto de hostigamiento por disfrutar de situaciones personales o familiares positivas que son envidiables por otros que pueden carecer de ellas. Otra causa que desencadena un proceso de *mobbing,* especialmente cuando se trata de una mujer, es que la víctima no haya aceptado solicitaciones de tipo sexual en casos de acoso sexual.

También se presenta frecuentemente el hecho diferencial como causa de *mobbing.* Así, ser diferentes en edad, cualificación, nivel de idiomas, experiencia laboral, sexo, costumbres, etc., suele significar la persecución del que se desvía por parte del grupo mayoritario. Estas diferencias suelen utilizarse para culpabilizar y demonizar al trabajador que, en un momento dado, está listo para cargar con la culpa de todo lo que sale mal en un determinado entorno laboral. Se trata del fenómeno de chivo expiatorio, ya aludido. Con ello se consigue distraer la atención de otros problemas o situaciones de la organización, camuflándolas.

Otra explicación muy frecuente es la de dar un escarmiento y hacer que otros trabajadores queden impresionados por el poder discrecional de hostigar y dañar que tienen algunos en la organización. Se trata de hacer cundir el psicoterror laboral entre otros trabajadores, que habrán de cerrar filas, presas del terror ante lo que les podría ocurrir de no someterse a los dictados del grupo que hostiga.

> La envidia es la causa más frecuentemente aducida por las víctimas de *mobbing*. La envidia no puede ver ni resistir la excelencia ajena. Las víctimas son, con frecuencia, los trabajadores más envidiables por distintas razones.
>
> Las víctimas preferentes del *mobbing* son los diferentes, los insumisos, los superdotados, los jóvenes, los trabajadores vulnerables y las mujeres.
>
> Quien hostiga suele usar el *mobbing* como mecanismo de chivo expiatorio que permite desviar y detraer la atención de otros problemas organizativos.

¿Hacen *mobbing* las organizaciones?

El acoso psicológico requiere uno o varios agresores, que trabajan al abrigo de algunas características organizativas que les permiten cierta impunidad o margen de actuación. Debido a ello es necesario insistir en que, salvo en las ocasiones en que la organización existe para fines perversos (cosa que sería más propia de organizaciones destructivas o sectas que de empresas), no suele haber organizaciones sino individuos que practican *mobbing*.

El término «*mobbing* institucional» o «acoso institucional» es un término poco riguroso y nada consolidado por la investigación, que da lugar a equívoco. Con ello se puede pretender diluir la responsabilidad del *mobbing*, que siempre es personal, bajo la pantalla difuminadora de una institución u organización, eludiéndose así la búsqueda de responsabilidad de quien finalmente es el autor o inductor de una serie de comportamientos lesivos. Existen, eso sí, numerosas características organizativas que facilitan e incrementan la probabilidad de que suceda el *mobbing*. Se trata de características organizativas psicosocialmente tóxicas. Es cierto que en muchas ocasiones se proporcionan instrucciones específicas por parte de personas de elevado nivel jerárquico para proceder al hostigamiento contra un trabajador. En este caso quien practica el *mobbing* como instigador y último responsable es la persona que decreta esta persecución (independientemente de su nivel o puesto) y no la organización en la que estos hechos se producen.

Así es como a veces se pretende destruir la resistencia de la víctima para forzarla o coaccionarla a abandonar su trabajo, ahorrándose la organización una indemnización por un despido improcedente que resulta onerosa. Para ello hay que deteriorar su desempeño o rendimiento mediante trampas y la desestabilización psicológica, creándose argumentos, inexistentes anteriormente, para utilizarse en el posterior despido, como es la falta de rendimiento, baja productividad, comisión de errores, absentismo, o incluso los propios comportamientos erráticos de la víctima producto de la desestabilización a la que se la ha llevado. En algunos casos se trata de coaccionar a la víctima para que acepte renunciar a derechos reconocidos y tutelados. Entre las situaciones habituales por esta causa figuran:

- Forzarle a un cambio de turno de trabajo o de puesto de trabajo.
- Forzarle a aceptar unas condiciones determinadas para jubilarse anticipadamente.

- Forzarle a aceptar una reducción de su salario o de sus condiciones retributivas contractuales.
- Coaccionarle para que renuncie al ejercicio o a la defensa jurídica de un derecho que le corresponde.
- Forzarle a que solicite una excedencia o un traslado a otro centro de trabajo.

Las técnicas para destruir psicológicamente al trabajador son variadas y, desgraciadamente, a veces muy creativas. Tienen en común que con ellas se intenta agobiar, calumniar, atacar el trabajo, las convicciones, la vida privada de la víctima, ninguneando, aislando, estigmatizando, amenazando, etcétera.

En una palabra, quien hostiga trata de destruir la confianza en sí mismo y la autoestima de la víctima, y afectar así al desempeño laboral, hasta entonces aceptable, o incluso positivo, reduciéndolo. Con ello se consigue eliminar la empleabilidad del trabajador o su capacidad de ser útil y empleable para la organización. Debido a que esta destrucción se produce a pesar de la obligación legalmente asignada a la organización de velar por la salud del trabajador, resulta lógico derivar una responsabilidad por hechos que se han cometido en su seno.

Señalar que la institución es la responsable del *mobbing* evita la asignación de responsabilidad individual en los hechos y es fuente de impunidad para los verdaderos agresores, frecuentemente personalidades violentas o alteradas, camufladas bajo el aparente velo del servicio a la institución o de la obediencia debida. Lo mismo que una institución no mata físicamente, tampoco mata psicológicamente ni les hace *mobbing* a las personas.

> Existen organizaciones tóxicas. Se han descrito características organizativas que incrementan la probabilidad de que se produzca *mobbing*.
>
> La organización tiene la responsabilidad de velar para que trabajar no signifique la destrucción psicológica o la pérdida de la salud psicológica.
>
> Los autores del acoso psicológico en el trabajo son siempre personas: jefes, compañeros o subordinados de la víctima. Otras personas son coautores, cooperadores necesarios, encubridores o tácitos consentidores.
>
> Los hostigadores se apoyan para operar en características tóxicas de las organizaciones y frecuentemente se camuflan tras ellas.
>
> Los hostigadores suelen disponer *de facto* de una situación de poder formal o informal sobre la víctima. Es por ello frecuente la utilización de los recursos organizativos al servicio del hostigamiento de la víctima.
>
> Frecuentemente el *mobbing* se practica desde posiciones de poder, directivo o gerencial.

¿SE PUEDE HACER *MOBBING* POR ACCIDENTE, INCONSCIENTEMENTE O «SIN QUERER»?

Los conflictos en las relaciones entre jefes y subordinados o entre compañeros de trabajo son inevitables. No obstante, cuando hablamos de *mobbing* nos referimos a algo diferente. El *mobbing* es un proceso de destrucción deliberado e intencional contra una persona, la víctima, que es seleccionada y resulta el objetivo de todas las agresiones psicológicas mencionadas. Por lo tanto el acoso psicológico no es aleatorio o casual sino plenamente intencional o causal. Se puede verificar esto último en los rasgos de selección de la víctima que atraen a los acosadores.

El *mobbing* es un riesgo laboral cierto y específico para la salud del trabajador que lo padece. Supone un tipo de situación comunicativa que amenaza infligir graves perjuicios psíquicos y físicos si no se detiene a tiempo. Como proceso de destrucción de la persona que lo padece, se compone de una serie de actuaciones hostiles que, tomadas de forma aislada, podrían parecer anodinas o intrascendentes, pero cuya repetición una y otra vez, todos los días, durante un período prolongado (por lo menos seis meses), supone una constante demolición de la autoestima y autoconfianza del trabajador, con efectos perniciosos sobre su salud.

Se descartan así los roces puntuales, las fricciones fortuitas, las tensiones, el estrés y hasta los incidentes aislados, propios de las organizaciones modernas en las que el incremento del grado de interdependencia entre los empleados puede llevar a situaciones coyunturales de desencuentro o conflicto de intereses. Este tipo de fricciones puntuales o aleatorias no constituye *mobbing* o acoso psicológico.

Lo que resulta destructivo del *mobbing* no es la ocurrencia puntual y aislada de un comportamiento hostil, sino la repetición siempre sobre la misma persona por parte de los mismos agresores de un tipo de violencia psicológica que termina generando en ella indefensión.

> El *mobbing* es un comportamiento de hostigamiento lento e inexorable que busca minar y quebrantar la resistencia psicológica del trabajador.

> La continuidad y la frecuencia en el tiempo de los hostigamientos establecen la causalidad y excluyen la casualidad en el *mobbing*.
>
> La focalización sobre la víctima busca de forma deliberada el empeoramiento de su desempeño y la degradación de su imagen pública.

¿Es el *mobbing* un mero conflicto o desencuentro entre personas?

Decididamente no es lo mismo. El *mobbing* no debe confundirse con fenómenos comunes y frecuentes en el trabajo entre personas, como pueden ser los siguientes:

- Tener un mal día en la oficina.
- Tener un jefe o un compañero un poco «quisquilloso».
- Tener una «bronca» puntual con algún compañero o jefe.
- Tener una temporada de mucho trabajo.
- Estar estresado.
- Trabajar en un ambiente enrarecido o conflictivo.
- Tener un conflicto, una discusión, un desencuentro puntual.

El *mobbing*, por el contrario, se manifiesta en un comportamiento de persecución continuado y persistente que se materializa en:

- Eliminar a una persona de su puesto de trabajo usando maquinaciones contra ella.

- Desestabilizar emocionalmente a una persona mediante todo tipo de estrategias buscando que ésta «explote».
- Atacar sistemáticamente a una persona criticando destructivamente cuanto realiza en su trabajo.
- Maltratar verbalmente a una persona mediante amenazas o gritos o insultos para minarla psicológicamente atacando su dignidad.
- Deteriorar deliberadamente el rendimiento laboral de una persona.
- Hostigar sistemáticamente a una persona mediante acusaciones falsas acerca de su trabajo.
- Inducir intencionalmente a una persona a cometer errores.
- Destruir la reputación personal o profesional de una persona mediante calumnias.
- Forzar a una persona a un abandono prematuro de su puesto de trabajo mediante coacciones o amenazas.
- Destruir la salud física o psicológica minando la autoestima y la confianza en sí misma de una persona.
- Aislar a una persona y reducir sus posibilidades de expresarse o de comunicarse con jefes o compañeros de trabajo.
- Sobrecargar de trabajo a una persona de manera sistemática o reducir los plazos de ejecución de las tareas para forzarla al fracaso en los objetivos.
- Dejar a una persona sin nada que hacer, a pesar de haber trabajo para ella, para desestabilizarla y acusarla después de falta de rendimiento o pereza.
- Alterar el entorno laboral de la persona, predisponiendo a sus compañeros de trabajo contra ella.

> El *mobbing* no es un comportamiento casual sino que busca obtener un efecto perverso: la destrucción y la exclusión del trabajador.
>
> Los conflictos puntuales o los desencuentros son parte de las relaciones humanas y no son situaciones de acoso psicológico. El escalamiento de un conflicto en el tiempo sin una gestión proactiva puede llevar a casos de *mobbing*.
>
> El *mobbing* no queda acreditado por la «sensación» de la víctima de ser acosada sino por la existencia de comportamientos reales de hostigamiento que se repiten en el tiempo contra ella.

¿ES LO MISMO *MOBBING* QUE *BURNOUT* O SÍNDROME DE QUEMADO?

El *mobbing* y el *burnout* son dos problemas de salud laboral diferentes. El síndrome de *burnout* ha sido estudiado con gran interés por innumerables autores desde principios de la década de los ochenta. El término hace referencia a un tipo de estrés laboral que padecen de manera especial algunos profesionales que mantienen una relación constante y directa con otras personas, mediando habitualmente con ellas un tipo de relación de ayuda (médicos, enfermeras, profesores).

La mayoría de estos profesionales inician una carrera profesional, no sólo pensando en los beneficios económicos que obtendrán de un salario, sino proyectando determinadas expectativas de desarrollo personal y de éxito en su trabajo. Estas expectativas, un tanto idealizadas, son más patentes en aquellos profesionales comprometidos en ayudar a otras personas, como son médicos, enfermeras, asistentes sociales, psicólogos, profesores, abogados, miembros de organizaciones asistenciales, ONG y similares.

Las expectativas, muy comunes entre estos colectivos, suelen consistir en pretender contribuir positivamente mediante su dedicación profesional a la mejora de las condiciones de aquellos a quienes sirven o ayudan. Parece ser que en numerosas ocasiones estas expectativas se constituyen en el origen de sus fracasos como profesionales. Estos trabajadores serían más propensos a caer en un estado de fatiga o frustración respecto a su devoción o vocación inicial a una causa, forma de vida o relación, que ha fracasado en producir los resultados esperados por ellos.

Este cuadro supone para el trabajador que lo padece un tipo de estrés avanzado y un tipo de desgaste que le hace sentirse exhausto de forma continuada ante unas demandas de energía, fuerza o dedicación en su trabajo, que percibe como excesivas y a las que siente que no puede hacer frente eficazmente mediante su desempeño.

La paradoja del *burnout* es que suele sucederle a un trabajador que previamente era un profesional con elevado (o incluso excesivo) entusiasmo, ideas y despliegue de energía en su trabajo. El mecanismo que desencadena el *burnout* se basa en la frustración del trabajador por no poder satisfacer o alcanzar determinadas expectativas, excesivamente elevadas, que había proyectado hacia un trabajo de tipo asistencial. La persona abriga expectativas muy altas respecto al logro de ciertos objetivos. Con el transcurso del tiempo, al no producirse los resultados esperados, en vez de revisar sus objetivos de forma realista y evaluar de nuevo la realidad de su carrera, se va a ir frustrando, al insistir en alcanzar resultados u objetivos que escapan a las posibilidades reales. A esta frustración contribuye de modo decisivo la ausencia de apoyo organizativo a la labor profesional, la falta de dotación de recursos, el caos, la desorganización, la confusión de roles profesionales, etcétera.

El *burnout* se desarrolla también a partir de la tensión que genera para el trabajador ir asumiendo los problemas de otros, en una palabra, ir «tragándoselos» o ir haciéndolos propios, sin poder efectivamente resolverlos, y sin alcanzar aquello que se había propuesto inicialmente en su trabajo o carrera profesional.

El *burnout* está constituido, a partes iguales, por tres elementos: una sensación de *agotamiento emocional,* una actitud de *desinterés hacia las personas* en el trato profesional y un *sentimiento de improductividad* o falta de logros en el desempeño profesional.

Según diferentes autores, su origen se basa en cómo los trabajadores afectados interpretan y manejan sus propios estadios profesionales ante situaciones de crisis o frustración. Algunos autores también definen este síndrome como una pérdida progresiva del idealismo, energía y motivos vividos por la gente en las profesiones de ayuda, y como resultado de determinadas condiciones de trabajo negativas. Se puede determinar que existe *burnout* en un trabajador por los tres tipos de efectos, antes apuntados, que se presentan como más característicos del síndrome:

- El cansancio o agotamiento emocional que manifiestan las personas aquejadas por este síndrome, caracterizado por la pérdida progresiva de energía, el desgaste, el agotamiento y la fatiga.

- La despersonalización que se traduce por un cambio negativo de las actitudes y las respuestas hacia los demás con irritabilidad y la pérdida de motivación hacia el trabajo.
- El sentimiento de falta de realización profesional o disminución de la autocompetencia profesional percibida con respuestas y evaluaciones negativas hacia sí mismo y su capacidad para el trabajo.

Otras consecuencias habituales del síndrome son las alteraciones emocionales, conductuales, psicosomáticas, sociales, la pérdida de la eficacia laboral y los problemas en el ámbito familiar.

El *burnout,* al igual que el *mobbing,* presenta un elevado nivel de absentismo laboral y abandono de la profesión entre los profesionales afectados, aquejados por problemas de salud física y psicológica que cursan con cuadros depresivos, ingesta de psicofármacos y aumento del consumo de tóxicos como alcohol y otras drogas que producen adicciones. La coincidencia de los efectos que presenta el *burnout* con algunos de los efectos que manifiestan buena parte de las víctimas de *mobbing* no es casual. Se explica por el hecho de que la fuente del daño en los casos de *burnout* y en los casos de *mobbing* es común, esto es, la «indefensión aprendida» por parte del trabajador afectado. En ambos casos, el trabajador no sabe qué puede hacer para remediar, en un caso, la frustración, y, en el otro, las hostilidades que padece. Entrar en indefensión es siempre causa de todo tipo de «males mayores» o secuelas psicológicas y físicas. Salvando estos puntos en común, es necesario insistir en la radical diferencia entre el *burnout* y el *mobbing.*

En los casos de *burnout* se produce un desgaste basado en la distancia existente entre las expectativas (a veces excesivamente elevadas o irreales) del trabajador y la realidad de un trabajo que no le proporciona satisfacción debido a deficiencias organizativas manifiestas.

Nada de esto se produce en los casos de acoso psicológico. El *mobbing* tiene como antecedente una agresión continuada y frecuente, procedente de personas del entorno laboral de la víctima, que buscan excluir a ésta mediante diferentes estratagemas. Aquí no median expectativas previas en la víctima, ni son determinantes las deficiencias de la organización para dificultar alcanzar los objetivos de la tarea. En los casos de *mobbing* el trabajador está previamente adaptado e integrado en su trabajo. Le gusta lo que hace y no presenta expectativas irreales de lo que se debe conseguir o alcanzar mediante su trabajo.

En el *burnout* no se producen comportamientos de hostigamiento laboral, aunque puedan generarse efectos o secuelas psicológicas similares a las del *mobbing*. En el *mobbing* media una agresión que es causa directa del daño que suele terminar desarrollando el trabajador. La explicación de la aparente confusión entre ambos cuadros procede de una exploración diagnóstica insuficiente o incompleta que muchos especialistas practican aún, ignorando o despreciando la evidencia de las agresiones y el hostigamiento psicológico que se produce en el entorno laboral contra la víctima, diagnosticando a ésta sin más como «quemada» y no como víctima de *mobbing*. Es así como nos hemos encontrado, en la experiencia del tratamiento y asistencia a las víctimas de *mobbing* y en nuestros estudios sobre acoso psicológico en los ámbitos asistenciales, con numerosos casos de *mobbing* erróneamente diagnosticados como *burnout*. Se trataba de trabajadores que habían desarrollado las secuelas y los daños psicológicos típicos del *mobbing* a resultas de una serie de agresiones psicológicas continuadas de las que no eran en absoluto conscientes, inculpándose por ello, o a las que trivializaban o banalizaban como «parte de su trabajo».

En nuestros estudios, las víctimas de maltrato y hostigamiento psicológico en el trabajo en el ámbito sanitario suelen presentar alteraciones significativas en dos de las tres escalas de *burnout*, por lo que podrían aparecer técnicamente como casos de *burnout*. Presentan estos trabajadores, víctimas de acoso psicológico, índices mayores de cansancio o agotamiento emocional y de despersonalización en las relaciones profesionales.

Es necesario verificar que los casos de supuestos profesionales quemados no sean cuadros de *mobbing* encubiertos que han sido mal diagnosticados, debido al desconocimiento de la propia víctima y del especialista que la trata. Muchos médicos y psicólogos no suelen establecer ni explorar sistemáticamente la existencia de comportamientos de agresión como los que reciben las víctimas de *mobbing* y suelen evaluar tan sólo los efectos que producen estas agresiones en términos de agotamiento emocional, reacciones de anestesia emocional y despersonalización hacia los demás, disminución de la autovaloración profesional o de la autocompetencia percibida.

Otra causa de la confusión entre *burnout* y *mobbing* está en el decalaje muy frecuente entre las situaciones de exposición a los comportamientos de *mobbing* y los daños generados en la esfera psicológica y física. Es muy frecuente que el daño propio de una situación de acoso psicológico acompañe a la víctima (con frecuencia inconsciente del problema e inadecuadamente asistida), a lo largo de varios años y sucesivos trabajos.

Esto da lugar a que se puedan evaluar erróneamente los efectos del acoso psicológico en el pasado profesional de la víctima como los efectos de un desgaste profesional o *burnout* en el momento presente.

Los daños del *mobbing,* en el caso de existir secuelas graves como las que son características del síndrome de estrés postraumático, pueden llegar a extenderse a lo largo de varios años antes de una remisión completa de síntomas. Si en este período, posterior a la situación de acoso psicológico, la víctima solicita ayuda especializada o asistencia profesional, y es evaluada psicológicamente, puede ser diagnosticada erróneamente como un caso de *burnout*.

> El síndrome de quemado, «desgaste profesional» o *burnout* es una enfermedad profesional que no tiene su causa en comportamientos de hostigamiento.
>
> Es recomendable explorar exhaustivamente la situación y el comportamiento del entorno laboral que padece la persona antes de diagnosticar *burnout*.
>
> Si existen agresiones psicológicas actuales o pasadas que estén dañando o ya hayan dañado la salud física y psicológica del trabajador afectado, el *burnout* no es sino una forma errónea, impropia, incompleta y parcial de denominar un caso de *mobbing*.
>
> El supuesto *burnout* de un trabajador puede ser el efecto de una situación de acoso psicológico no reconocida en el pasado o mal diagnosticada.

> El desconocimiento y trivialización del *mobbing* por la víctima y la evaluación incompleta del especialista pueden producir la confusión en el diagnóstico.
>
> Las víctimas de acoso psicológico en el trabajo presentan alteraciones significativas en algunas escalas que miden *burnout*.

¿Cómo distinguir si se trata de un caso de *burnout*?

Es importante conocer desde el principio, y diagnosticar, si el trabajador padece realmente una situación de acoso psicológico en su trabajo o si, por el contrario, padece simplemente un desgaste profesional o síndrome de *burnout*.

El caso de María Luisa ilustra bien cómo se siente un trabajador «quemado»:

> Levantarme por la mañana es un suplicio. Tengo la sensación de que la jornada laboral se me echa encima sin tener energía para afrontarla. Vestirme y arreglarme supone ya la primera montaña que tengo que escalar, hasta tal extremo que ya me da igual la pinta con la que voy al hospital.
>
> Mis pacientes, que antes me producían la sensación de un reto profesional apasionante, se han transformado para mí en meros números de historial a los que aplico mecánicamente el protocolo correspondiente... Los veo como meros objetos necesarios que forman parte del paisaje del hospital, lo mismo que el mobiliario o el material quirúrgico. Nunca antes me había ocurrido estar tan desapegada de personas a las que había decidido dedicarme profesionalmente. Ayer falleció un paciente y tuve una

reacción de frialdad y desapego extremos que me estremeció, como si fuera un autómata.

Pienso continuamente que hay algo equivocado o erróneo en mi forma de comportarme pero no tengo ganas ni fuerzas para examinarme y menos para cambiar de actitud. Tiro de mí misma y voy a remolque de todo lo que pasa en el hospital... ¡Todo se me viene encima sin remedio!

No duermo nada. Desde hace algunas semanas necesito parar a tomarme algunas cañas a la salida del trabajo. Al llegar a casa no puedo con mis hijos, y mi marido tiene que ocuparse de ellos mientras yo me quedo tumbada en la cama hasta que saco fuerzas para arrastrarme a cenar. Sólo pensar que al día siguiente tengo que volver me produce asco y desgana.

Creo que estoy acabada y lo peor es que creo que odio mi profesión...

Resulta de ayuda para la diagnosis evaluar los siguientes elementos característicos de los trabajadores que presentan *burnout*:

- Sensación de inutilidad o de no valer para la propia profesión.
- Sentimiento de «estar acabado» profesionalmente.
- Sensación de «no poder enfrentarse» emocionalmente a nada.
- Culpabilidad por no hacer bien su trabajo.
- Agotamiento emocional o sensación de «no poder más».
- Agotamiento físico al final de la jornada de trabajo.
- Fatiga al levantarse por la mañana.

- Dificultades para enfrentarse a la nueva jornada laboral.
- Pasotismo o apatía hacia las necesidades de los demás.
- Sensación de no poder con los problemas humanos del propio trabajo o de que «todo le supera».
- Sensación de «estar quemado» por el propio trabajo.
- Sensación de baja influencia o de no poder hacer nada por ayudar a la gente.
- Endurecimiento emocional con compañeros, familiares o amigos.
- Pasividad o paralización ante los problemas en el trabajo.
- Sensación de frustración continua en el trabajo.
- Sensación de estar abrumado por una cantidad de trabajo insoportable.
- Sensación de desapego afectivo hacia la gente con la que trabaja.
- Agobio por tener que trabajar con personas.
- Sensación de contacto abrasivo o relaciones conflictivas con los demás.

El trabajador que padece *burnout* atraviesa por cuatro fases en su vida laboral:

1.ª fase: *Entusiasmo,* caracterizado por elevadas aspiraciones, energía desbordante y carencia de la noción de límite.

2.ª fase: *Estancamiento,* que surge tras no cumplirse las expectativas originales, empezando a aparecer la frustración.

3.ª fase: *Frustración,* en la que comienzan a surgir problemas emocionales, físicos y conductuales. Esta fase es el núcleo central del síndrome de quemado.

4.ª fase: *Apatía,* que sufre el individuo y que constituye el mecanismo de defensa ante la frustración.

En esta última fase se producen una serie de efectos propios del *burnout.* Entre las consecuencias del síndrome figuran:

- Alteraciones emocionales.
- Alteraciones conductuales.
- Desarrollo de enfermedades psicosomáticas.
- Problemas sociales.
- Deterioro del desempeño y pérdida de la eficacia laboral.
- Alteraciones de la vida familiar.
- Adicciones.

Los trabajadores afectados presentan un alto nivel de absentismo laboral, tanto por problemas de salud física como psicológica, siendo frecuente la aparición de situaciones depresivas, la automedicación, la ingesta de psicofármacos y el aumento del consumo de tóxicos, alcohol y otras drogas. Entre los aspectos epidemiológicos del síndrome de *burnout*, la edad parece no influir en su aparición. Se considera, sin embargo, que puede existir un período de sensibilización en las etapas iniciales de la carrera profesional en las que el trabajador sería especialmente vulnerable al síndrome de quemado, debido a que es un período en el que se produce la transición desde sus expectativas idealistas hasta la realidad cotidiana de lo que el trabajo puede en verdad proporcionarle.

En esta fase inicial aprende que las recompensas personales, profesionales y económicas difieren de las prometidas o esperadas.

Las mujeres son el grupo más vulnerable, aduciéndose como factor explicativo la doble carga de trabajo que conlleva la práctica profesional y la tarea familiar.

Respecto al estado civil, se conoce por la investigación que las personas solteras o sin pareja estable presentan mayores índices de cansancio emocional, menor realización personal y mayor despersonalización que las que están casadas o conviven con pareja estable. En este mismo orden de cosas se ha señalado que la existencia de hijos hace que estas personas puedan ser más resistentes al síndrome, debido a la tendencia en los padres a ser personas más maduras y estables, y a que la implicación con la familia y los hijos hace que tengan mayor capacidad para afrontar problemas personales y conflictos emocionales, siendo más realistas y beneficiándose de la ayuda que supone el apoyo familiar.

La existencia de turnos laborales rotatorios y los cambios continuados en los horarios de algunas profesiones pueden conllevar para algunos trabajadores el síndrome de *burnout*. Son los médicos, las enfermeras y los trabajadores asistenciales los profesionales en los que esta influencia se produce en mayor medida.

También es conocida la relación de la sobrecarga laboral con el *burnout* en las profesiones asistenciales, de manera que este factor produce una disminución de la calidad de las prestaciones ofrecidas por estos trabajadores, tanto cualitativa como cuantitativamente.

> El trabajador quemado no requiere una situación de hostigamiento en su entorno laboral.
>
> El trabajador quemado presenta agotamiento emocional, reacciones de anestesia emocional y despersonalización hacia los demás, y disminución de la autovaloración profesional o de la autocompetencia percibida.
>
> Existen factores de riesgo para el *burnout*. Ser mujer, joven, profesional asistencial o vocacional, tener elevadas expectativas sobre la profesión, no tener pareja estable y trabajar en turnos rotatorios incrementan la probabilidad de *burnout*.

¿Es el *mobbing* un nuevo problema laboral?

Los trabajadores mayores o ya jubilados con los que trabajamos en las investigaciones sobre *mobbing* aseguran a los investigadores que este problema no es nuevo y que ellos siempre han conocido *mobbing* en sus trabajos y entornos laborales, aunque no se le diera tal nombre. Sabemos que uno de cada tres trabajadores en activo pasará a lo largo de su vida laboral por al menos una situación de acoso psicológico en su trabajo. Muchos trabajadores consultados reiteran que para ellos el *mobbing* forma parte del trabajo que realizan. Incluso algunos llegan a afirmar que ser destruidos o machacados o ser atacados en su dignidad «está incluido» en el sueldo que la empresa paga al trabajador.

Este tipo de trivialización del maltrato recuerda la afirmación de muchas mujeres víctimas de maltrato doméstico que aseveran que sus maridos les pegan «lo normal». En este mismo sentido muchos de los trabajadores afectados entienden que sus trabajos les destruyen «lo normal» o que sus jefes los humillan o machacan «lo normal».

Se puede ver este aspecto en la descripción que proporciona Ambrosio, un trabajador prejubilado:

> En mi vida sólo he trabajado en sitios en los que ser maltratado y humillado formaba parte del día a día. He padecido malos tratos por parte de aquellos que mandaban, jefes, capataces o encargados. Lo mismo te ponían motes para ridiculizarte, que te insultaban o se «acordaban» de tu familia para todo.
>
> A veces se llegaba a un maltrato físico con «collejas», «capones» o incluso patadas en el trasero.
>
> Algunos compañeros que he conocido se han ido a casa con un «ojo morado» por la ira de algún jefe que «se pasaba» de beber y la pagaba siempre con los mismos, los aprendices, los más débiles, los que no le plantaban cara.
>
> Recuerdo un capataz que era famoso por «sacar la mano a pasear» cada dos por tres contra aquel que le cogía manía. Una vez incluso me amenazó y le tuve que parar los pies. Le dije que le esperaba a la salida de la fábrica con una barra de hierro en la mano.
>
> El miedo a esas situaciones eran parte del salario, un salario del miedo..., un salario de mierda.

Lo que resulta más llamativo en la investigación sobre el *mobbing* no es su novedad (existen comportamientos de acoso psicológico descritos hace más de tres mil años en los salmos de la Biblia), sino la evolución tan rápida de las cifras de afectados que se ven incrementadas en progresión geométrica en los últimos años. Varias explicaciones dan cuenta de una modificación del entorno laboral que está resultando lesiva para muchos trabajadores en Europa.

La Organización Internacional del Trabajo, en sus informes más recientes, da la señal de alarma sobre el deterioro de las condiciones de los trabajadores, en especial en lo que se refiere a la violencia psicológica que padecen en el entorno laboral. En España, los barómetros Cisneros de la Universidad de Alcalá sobre acoso psicológico en el trabajo cifran entre un 12 y un 16 por ciento el número de trabajadores afectados por *mobbing,* o lo que es lo mismo, entre 1,5 y 2,3 millones de trabajadores. En Europa occidental se cifra en más de 16 millones el número de trabajadores víctimas de *mobbing*.

En estos estudios una serie de sectores aparecen sistemáticamente afectados. Es así como en las administraciones públicas, la Sanidad y la Educación llegan a duplicarse o a triplicarse el número de trabajadores afectados.

El *mobbing* constituye un fenómeno «viejo como el mundo», cuya incidencia ha pasado de ser testimonial o residual hasta llegar a constituir en opinión de quien esto escribe el mayor riesgo laboral para los trabajadores en los inicios del siglo XXI.

> Los salmos bíblicos relatan hace más de tres mil años la existencia de comportamientos de acoso psicológico.
>
> El *mobbing* ha pasado de ser algo residual a constituir el verdadero riesgo laboral emergente del siglo XXI.
>
> Los estudios realizados señalan que uno de cada seis trabajadores padece *mobbing* en su trabajo.

> La frecuencia del hostigamiento en algunos tipos de trabajo o sectores de actividad ha terminado banalizando el problema. Muchos trabajadores afectados piensan que va en el sueldo el ser hostigados psicológicamente.

¿Hay factores del entorno económico y laboral que explican la incidencia del *mobbing*?

Se sabe que el acoso psicológico prevalece más en los servicios y que se da en menor medida en el sector industrial. Las fábricas y las cadenas de producción industrial en las que los trabajadores están a la vista de todos pueden llevar más a un tipo de violencia física, como la que relata Ambrosio, que al acoso psicológico.

El peso creciente del sector servicios hace que cada vez haya más trabajos «intensos en relaciones humanas» en los que la mala gestión y los estilos de dirección abandonistas o *laissez-faire*, que derivan en una no-gestión del conflicto en las relaciones humanas, llevan a la «ley de la selva» con la consiguiente depredación de la parte más débil en la relación laboral, esto es, el trabajador. La reducción de la influencia de los sindicatos en los servicios, y entre los trabajadores «de oficina», así como el poco interés «político» en defender a «personas individuales» frente a las causas colectivas, que logran mayores réditos «electorales», explican el porqué de la queja, muy habitual en las víctimas de *mobbing*, de sentirse desatendidas por sus representantes sindicales.

En muchos lugares de trabajo los delegados y representantes sindicales han pasado a formar parte del paisaje del *statu quo* reinante y pertenecen a un equilibrio institucional para el que siempre es incómodo un caso de *mobbing,* olvidando sus elementales obligaciones de defender los derechos de aquellos a los que deberían representar. Los sindicatos deben comprender el nuevo papel que les asigna el tipo de relaciones laborales del siglo XXI. De la misma forma que el marketing y la publicidad ya no se dirigen a segmentos de población, sino que han descendido al diseño individualizado de sujeto N = 1, el marketing sindical entre los trabajadores debe incluir la defensa individualizada de los derechos vulnerados y el amparo de situaciones y casos que son generalmente únicos y no colectivos.

Los ambientes de competitividad interna entre los trabajadores, a veces favorecidos e incentivados por la propia dirección de la empresa, llevan a un tipo de guerra interna de «todos contra todos» alimentada por las nuevas condiciones de la globalización que implican un aumento de la velocidad y la urgencia con la que se trabaja.

El trabajo bajo presión, en el que todo plazo de ejecución es por defecto «para anteayer», con nuevas demandas en cada momento que no figuraban en el guión, favorecen la falta de planificación y de previsión, la desorganización y la incorrecta asignación de las cargas de trabajo. Este tipo de estrés organizativo genera, tarde o temprano, la quiebra por el eslabón más vulnerable de la cadena.

En muchas organizaciones la rotación continuada de los trabajadores eventuales es asumida como una forma normalizada de sustituir a los trabajadores desgastados o quemados, sin tener que realizar esfuerzos de inversión en prever, organizar o dotar mejor las unidades de trabajo.

Quienes «pagan» especialmente las consecuencias de esta nueva «política de personal» basada en la destrucción y la subsecuente renovación de *recursos* (nunca mejor dicho) humanos son los trabajadores más jóvenes y los inmigrantes, convertidos en una nueva *commodity* laboral de «usar y tirar».

Otra explicación de la incidencia del *mobbing* en determinados sectores de actividad radica en la desaparición voluntaria del denominado *middle management* o estructuras de mandos intermedios.

Las continuadas operaciones de *downsizing* o reducciones de plantilla han ido sangrando de manera sistemática las estructuras intermedias, normalmente ocupadas por trabajadores de edad mediana que son sistemáticamente prejubilados (en ocasiones ya desde los cuarenta y dos años).

Es frecuente encontrar cada vez más empresas con estructuras organizativas de tipo ETT, en las que el trabajador depende de un solo jefe que tiene a su cargo a otros ochenta trabajadores. Resulta patente la imposibilidad de hacer verdadera gestión de recursos humanos con estructuras organizativas vaciadas de mandos intermedios. Es lógico entonces que el conflicto, cuando se produce, se resuelva mal o tarde por jefes poco expertos y desbordados, sobre los que penden objetivos empresariales cada vez más elevados, con dotaciones humanas cada vez más reducidas.

Entre los recursos más frecuentemente manejados para gestionar el conflicto figuran el señalar la puerta de salida al trabajador que no acepta determinadas condiciones abusivas o atropellos en sus derechos, indicándole la naturaleza «lenticular» de la relación laboral, y recordándole que «ahí afuera hay cien mil personas esperando ocupar tu puesto de trabajo».

Finalmente debe destacarse cómo los nuevos paradigmas en política de recursos humanos basados en la empleabilidad han hecho desaparecer descripciones de puestos, escalas salariales, categorías e incluso las regulaciones legales que protegían determinados derechos, dejando en una situación de desamparo legal, precariedad jurídica e incertidumbre a un número cada vez mayor de trabajadores.

En esas situaciones, no hay forma de acreditar un derecho o de hacer frente jurídicamente a determinadas medidas o políticas que suponen auténticos atropellos. Esto genera situaciones cuasifeudales en las que no se reconoce al trabajador como titular de derechos fundamentales y en las que la dignidad del ser humano que trabaja no es respetada en absoluto.

Las diferencias de opinión o el conflicto se solventan de este modo mediante la razón de aquel que «tiene la sartén por el mango» o, lo que es lo mismo, de aquel que posee el poder de emplear o desemplear al trabajador, condenándolo al paro. Al trabajador atropellado sólo le queda entonces el recurso, siempre oneroso para él, y en el que se encuentra en franca desigualdad con la empresa, de judicializar el problema, haciendo valer sus derechos ante los tribunales. Si ello no es posible, sólo le queda marcharse de la organización, opción habitualmente seguida por los trabajadores más jóvenes y en situaciones de mayor precariedad. Se explica que sean precisamente estos trabajadores jóvenes en situaciones precarias el colectivo laboral más afectado por situaciones de maltrato psicológico. Se entiende que, no viendo ganancia alguna en «aguantar como sea» y conservar un trabajo poco interesante con el que tampoco se pueden ganar bien la vida, abandonen pronto. Por ello son al mismo tiempo el colectivo de víctimas que presenta menos daños por el *mobbing*.

A ello hay que sumar el efecto de terror al paro, que amenaza a muchos trabajadores en edades difíciles o «imposibles» para reemprender una carrera profesional. Es propio en algunos sectores de actividad, habituados a políticas masivas de prejubilaciones, coaccionar y amenazar con el *mobbing* a aquel trabajador que rehúse «acogerse» a la política de prejubilación «voluntaria» o que simplemente intente realizar una negociación individualizada de sus condiciones de jubilación con la empresa.

> La precarización y el miedo al paro exponen al trabajador a un mayor sometimiento y a la pérdida de la capacidad de defenderse ante situaciones de hostigamiento que atentan contra su dignidad.
>
> La terciarización de la economía con trabajos más intensos en relaciones humanas explica y favorece la extensión del *mobbing*.
>
> Determinadas prácticas en política de recursos humanos, que instrumentalizan al trabajador como un mero recurso de usar y tirar, favorecen el desarrollo del *mobbing*.
>
> La ausencia de gestión efectiva del conflicto y los estilos de gestión abandonistas favorecen el *mobbing*.

¿Cómo saber de manera objetiva si se es víctima de *mobbing*?

Es posible detectar de manera objetiva si una persona está siendo objeto de *mobbing* o acoso psicológico en su trabajo chequeando si una o varias personas del entorno laboral están utilizando contra ella por lo menos una (o varias) de las violencias o agresiones psicológicas referidas a continuación.

El cuadro de *mobbing* requiere ser objeto durante por lo menos seis meses de uno o más de los siguientes tipos de hostigamientos o malos tratos psicológicos, con una frecuencia de una vez o más por semana por parte de uno o varios trabajadores.

El barómetro Cisneros© reproducido parcialmente a continuación permite establecer si existen comportamientos de hostigamiento psicológico en el trabajo.

Reflexione después sobre su trabajo actual y verifique si se producen y en qué grado las siguientes situaciones y comportamientos.

Señale el grado de frecuencia con que se producen estas situaciones en su caso

0. Nunca
1. Pocas veces al año o menos
2. Una vez al mes o menos
3. Algunas veces al mes
4. Una vez a la semana
5. Algunas veces a la semana
6. Todos los días

COMPORTAMIENTOS	FRECUENCIA						
Mi superior restringe mis posibilidades de comunicarme, hablar o reunirme con él	**0**	1	2	3	4	5	6
Me ignoran, me excluyen o me hacen el vacío, fingen no verme o me hacen «invisible»	0	**1**	2	3	4	5	6
Me interrumpen continuamente impidiendo expresarme	**0**	1	2	3	4	5	6
Me fuerzan a realizar trabajos que van contra mis principios o mi ética	**0**	1	2	3	4	5	6
Evalúan mi trabajo de manera inequitativa o de forma sesgada	0	1	2	**3**	4	5	6
Me dejan sin ningún trabajo que hacer, ni siquiera a iniciativa propia	0	**1**	2	3	4	5	6
Me asignan tareas o trabajos absurdos o sin sentido	0	**1**	2	3	4	5	6
Me asignan tareas o trabajos por debajo de mi capacidad profesional o mis competencias	0	1	**2**	3	4	5	6
Me asignan tareas rutinarias o sin valor o interés alguno	0	1	2	3	4	**5**	6
Me abruman con una carga de trabajo insoportable de manera malintencionada	0	**1**	2	3	4	5	6
Me asignan tareas que ponen en peligro mi integridad física o mi salud a propósito	**0**	1	2	3	4	5	6

COMPORTAMIENTOS	FRECUENCIA						
Me impiden que adopte las medidas de seguridad necesarias para realizar mi trabajo con la debida seguridad	~~0~~	1	2	3	4	5	6
Se me ocasionan gastos con intención de perjudicarme económicamente	~~0~~	1	2	3	4	5	6
Prohíben a mis compañeros o colegas hablar conmigo	~~0~~	1	2	3	4	5	6
Minusvaloran y echan por tierra mi trabajo, no importa lo que haga	0	1	~~2~~	3	4	5	6
Me acusan injustificadamente de incumplimientos, errores, fallos, inconcretos y difusos	0	1	2	~~3~~	4	5	6
Recibo críticas y reproches por cualquier cosa que haga o decisión que tome en mi trabajo	0	~~1~~	2	3	4	5	6
Se amplifican y dramatizan de manera injustificada errores pequeños o intrascendentes	0	1	~~2~~	3	4	5	6
Me humillan, desprecian o minusvaloran en público ante otros colegas o ante terceros	~~0~~	1	2	3	4	5	6
Me amenazan con usar instrumentos disciplinarios (rescisión de contrato, expedientes, despido, traslados)	~~0~~	1	2	3	4	5	6

COMPORTAMIENTOS	FRECUENCIA
Intentan aislarme de mis compañeros asignándome trabajos o tareas que me alejan físicamente de ellos	**0** 1 2 3 4 5 6
Distorsionan malintencionadamente lo que digo o hago en mi trabajo	0 1 **2** 3 4 5 6
Intentan buscarme las cosquillas para «hacerme explotar»	0 1 2 **3** 4 5 6
Me menosprecian personal o profesionalmente	**0** 1 2 3 4 5 6
Hacen burla de mí o bromas intentando ridiculizar mi forma de hablar, de andar, etc.	0 **1** 2 3 4 5 6
Recibo feroces e injustas críticas acerca de aspectos personales de mi vida	**0** 1 2 3 4 5 6
Recibo amenazas verbales o mediante gestos intimidatorios	**0** 1 2 3 4 5 6
Recibo amenazas por escrito o por teléfono en mi domicilio	**0** 1 2 3 4 5 6
Me chillan o gritan, o elevan la voz de manera a intimidarme	0 1 **2** 3 4 5 6
Me zarandean, empujan o avasallan físicamente para intimidarme	**0** 1 2 3 4 5 6
Se hacen bromas inapropiadas y crueles acerca de mí	**0** 1 2 3 4 5 6
Inventan y difunden rumores y calumnias acerca de mí de manera malintencionada	0 1 **2** 3 4 5 6

COMPORTAMIENTOS	FRECUENCIA						
Me privan de información imprescindible y necesaria para hacer mi trabajo	0	1	~~2~~	3	4	5	6
Limitan malintencionadamente mi acceso a cursos, promociones o ascensos	0	1	2	~~3~~	4	5	6
Me atribuyen malintencionadamente conductas ilícitas o antiéticas para perjudicar mi imagen y reputación	~~0~~	1	2	3	4	5	6
Recibo una presión indebida para sacar adelante el trabajo	0	1	2	3	~~4~~	5	6
Me asignan plazos de ejecución o cargas de trabajo irrazonables	0	1	2	3	~~4~~	5	6
Modifican mis responsabilidades o las tareas a ejecutar sin decirme nada	0	1	~~2~~	3	4	5	6
Desvaloran continuamente mi esfuerzo profesional	0	1	2	3	~~4~~	5	6
Intentan persistentemente desmoralizarme	0	1	2	~~3~~	4	5	6
Utilizan varias formas de hacerme incurrir en errores profesionales de manera malintencionada	0	1	2	~~3~~	4	5	6
Controlan aspectos de mi trabajo de forma malintencionada para intentar «pillarme en algún renuncio»	0	1	2	~~3~~	4	5	6
Me lanzan insinuaciones o proposiciones sexuales directas o indirectas	~~0~~	1	2	3	4	5	6

Si ha contestado afirmativamente una o más de las cuestiones anteriores y estos comportamientos se producen con una frecuencia por lo menos semanal (respuestas 4, 5 o 6) durante un período continuado de al menos seis meses, padece una situación de hostigamiento psicológico en su trabajo.

La identificación temprana, cuanto antes, de una situación de *mobbing* o acoso psicológico en su trabajo puede resultar decisiva para evitar los daños que se derivan de ella.

¿CÓMO EVOLUCIONAN LAS SITUACIONES DE ACOSO PSICOLÓGICO EN EL TIEMPO?

El curso de los casos de acoso psicológico en el trabajo suele revestir un carácter repetitivo con pocas variaciones en cuanto a sus fases. Siendo como es una manifestación emergente de un tipo de sistema organizativo tóxico, el *mobbing* presenta un patrón de evolución bastante fijo que sigue sorprendiendo a víctimas y terapeutas.

El mobbing sigue habitualmente una secuencia típica de cinco fases, cuya duración puede ser variable en función de la idiosincrasia de cada uno de los casos:

1. *Fase de incidentes críticos.* El *mobbing* suele venir precedido de situaciones y relaciones personales altamente positivas entre víctima y hostigador. Esto lleva a una gran confusión a la víctima. La situación desencadenante del acoso suele verse como un conflicto, una diferencia de opiniones, un malentendido, un desencuentro que en un

momento determinado adquiere mayor proporción, aumentando rápidamente. Esta primera fase no constituye propiamente acoso psicológico y suele durar muy poco tiempo.

2. *Fase de acoso y estigmatización.* En esta fase la persona que ha sido «elegida» es objeto de una focalización. Se trata de señalarla a ella y sólo a ella como alguien que merece los ataques de que va a ser objeto. No suele resultar extraño que comience aquí un período de «satanización» que intenta proponer a la persona como malvada, pérfida, malintencionada, torpe, etcétera. En esta fase, el acoso se desarrolla mediante comportamientos de hostilidad repetidos que en otro contexto distinto no revestirían mayor importancia ni implicarían agresión ni intentos de excluir o de deshacerse de alguien. Se señala al trabajador objetivo como una persona «especialmente» torpe, incapaz o malintencionada. A veces se decretan contra ella medidas que la estigmatizan o señalan frente a los demás trabajadores:

- Prohibiciones de acceder a determinados lugares o de usar herramientas o equipamientos que no afectan nada más que a ellos.
- Emisión de mensajes, órdenes o instrucciones de no hablar o no relacionarse con el trabajador.
- Difusión de chismes, leyendas negras o calumnias.
- Maltrato o humillación hacia la persona con vistas a hacerla aparecer como indigna de respeto o de consideración humana.
- Instigación a que otros trabajadores emulen al hostigador-instigador en el maltrato.

Una vez que se hace perder el respeto a la dignidad del trabajador, todo es más fácil, sobre todo si éste no hace nada por defenderse o hacer frente a la situación. La trivialización de un maltrato focalizado en ese trabajador va a ir animando a otros trabajadores a sumarse al linchamiento hábilmente organizado e incentivado por el instigador.

Estos comportamientos no pueden considerarse como casuales a la vista de la continuidad, la frecuencia y la focalización con que se ejercitan contra la víctima. A pesar de ello, los intentos de los hostigadores por hacerlos pasar como insignificantes o incluso anodinos suelen ser casi siempre exitosos. Se trata de comportamientos que presentan una intencionalidad perversa y nacen de un proceso de intención persistente y recurrente contra una persona que se materializa en la decisión de «ir a por ella». El comportamiento se dirige a perjudicar, castigar, minar psicológicamente y aterrorizar al trabajador usando contra él un tipo de manipulación agresiva que pretende su exclusión. En esta fase comienzan a aparecer una serie de secuelas psíquicas que interfieren con el desempeño laboral afectándolo y modificándolo a la baja. El trabajador encuentra por primera vez una evidencia de que las acusaciones y las críticas destructivas de que es objeto tienen una verificación en un pobre desempeño laboral. La inseguridad genera lentitud e incrementa los errores y fallos. Los fallos de memoria, así como los problemas de concentración, le dan a la víctima una percepción equivocada y *ad hoc* de que efectivamente tienen razón quienes la critican y hostigan. De ahí a la aceptación de la culpabilidad no media un paso.

El envenenamiento de las relaciones con los demás, hábilmente orquestado por el hostigador-instigador, así como los incidentes críticos en forma de «broncas», malentendidos, «encontronazos» y choques con compañeros, clientes, jefes, etc., tienen origen en la irritabilidad de la víctima que es, a su vez, el efecto de la frustración por las agresiones sutiles que recibe. Sin embargo, se van a presentar estas secuelas del hostigamiento como una evidencia de que existe una mala actitud o incluso un problema psicológico previo en la víctima. Con ello, los agresores suelen presentar el efecto del *mobbing* que han generado ellos mismos como la causa del mismo, aduciendo que lo único que le ocurre a la víctima es que está resultando víctima de su propio mal desempeño laboral, de su mala relación humana con los demás, de su mala disposición al trabajo o de sus problemas psicológicos previos.

Este proceso de estigmatización termina consiguiendo su propósito de presentar a la víctima ante la opinión pública como torpe, incapaz, malintencionada o desequilibrada psicológicamente. Con ello se le hace aparecer como merecedora del castigo que recibe. Se consigue, además, que las víctimas entren en una fase de confusión y de inculpación, que es el antecedente de la indefensión con que viven el *mobbing* y que explica la paralización ante el acoso que padecen.

3. *Fase de intervención de la dirección.* Es muy frecuente que las víctimas de *mobbing* cumplan un papel muy «saludable» para algunas organizaciones tóxicas como chivos expiatorios. Con ello, las situaciones de caos, desorganización, crisis, antagonismos personales, compe-

titividad, luchas o guerras internas ofrecen un lapso de paz o tregua en el que todos pueden unirse «contra» la víctima de *mobbing*.

Se explica entonces el fenómeno conocido como «cadáveres en el armario», que consiste en que allí donde hay una víctima de *mobbing* encontramos anteriormente otras, que en anteriores épocas han cumplido el mismo papel de chivos expiatorios, acreditándose así un funcionamiento histórico verdaderamente patológico de la organización en cuestión.

Cuando los casos de acoso psicológico llegan al paroxismo, el entorno de la víctima suele reclamar casi unánimemente la búsqueda de una solución traumática que resuelva, cortando por lo sano, el problema.

Se produce entonces la intervención de la línea jerárquica, que hace que se convierta el caso de *mobbing* en el caso de la persona acosada, y no en el caso del acosador o acosadores. Ello se explica gracias al proceso de estigmatización de la víctima, anterior a la intervención de la dirección. Con la satanización del acosado, la percepción común es que es ella misma, y no el acosador, la culpable de toda la situación que se ha generado.

La línea jerárquica suele cerrar filas y tiende a aceptar y a hacer propios los prejuicios y estereotipos proyectados malévolamente por el acosador desde las primeras fases.

En el sector privado es muy frecuente intentar terminar rápidamente con el «problema» «dando carpetazo», lo que suele significar dar por terminada la relación laboral con la persona acosada. En el sector público la dirección intenta la apertura de expediente, la sanción o el traslado forzoso de la víctima.

En muy pocas ocasiones las medidas contempladas afectan a los agresores, frecuentemente instalados en un determinado *statu quo* que los protege o los hace «intocables». En ambos casos, el resultado práctico suele consistir en el atropello de los derechos de quien es la víctima del acoso y en la consolidación, perversa para el futuro de la organización, de quienes acosan a otros y hacen de ello una herramienta de *management o* de promoción personal. La investigación del caso por parte de la dirección suele completar la estigmatización como «oveja negra» del trabajador afectado, debido a que los canales que utiliza la propia dirección para informarse del caso suelen estar afectados e «infectados» por la propia acción de estigmatización.

El mecanismo psicológico conocido como «error básico en la atribución» es la causa de por qué compañeros, jefes y directivos tienden a buscar la explicación de la situación de hostigamiento en supuestas características individuales de las víctimas, en lugar de intervenir sobre los factores de un entorno organizativo tóxico (ausencia de gestión del conflicto, mala organización del trabajo, competitividad interna, ausencia de valores, inadecuación del tipo de tarea, pobreza de liderazgo, cargas laborales inadecuadas, caos, etc.).

Los departamentos de recursos humanos de las empresas, habitualmente poco informados y menos aún formados sobre la incidencia del *mobbing* y sobre cómo operan de forma concreta estos mecanismos perversos, incurren en el mismo error, facilitándose de este modo la adopción de la solución limpia, barata y rápida de «cortar por lo sano», excluyendo al trabajador que resulta doblemente víctima.

4. *Fase de solicitud de ayuda especializada externa y diagnóstico incorrecto.* Es muy infrecuente que en las primeras fases de acoso la víctima solicite ayuda psicológica por desconocer lo que le ocurre o atribuirlo a otras causas. Cuando esta solicitud se produce, el daño suele estar ya instalado y la persona de baja debido a las diferentes enfermedades que puede ocasionar el *mobbing*.

Hasta hace poco la intervención especializada de psicólogos y psiquiatras tenía muchas posibilidades de ofrecer un diagnóstico incorrecto debido a que son aún muy pocos los especialistas formados en el tratamiento de un problema que tiene su origen en la propia organización en la que trabaja el paciente, y no en su personalidad o en factores psicológicos constitucionales previos.

La víctima de acoso suele recibir de su médico de empresa, de cabecera o del propio servicio de salud mental una serie de diagnósticos erróneos o sólo parcialmente correctos, que incrementan su confusión y sufrimiento al hacerla sentirse responsable de su propio acoso psicológico, victimizándola. Los diagnósticos habitualmente realizados sobre los casos de *mobbing* suelen ser los siguientes:

- Estrés laboral (debido al estrés postraumático que suelen presentar).
- Depresión (debido a la indefensión generada por el acoso continuado y la consiguiente distimia).
- *Burnout* (debido al estrés, la distimia producida y a los sectores de actividad laboral en que el *burnout* se presenta).
- Personalidad paranoide (debido a la hipervigilancia).

- Maníaco-depresión o ciclotimia (debido a los altibajos en el estado de ánimo).
- Desajustes de personalidad (debido a las alteraciones y cambios en la personalidad que suele provocar el acoso).
- Neurosis (debido a la falta de ajuste general).
- Trastornos por ansiedad generalizada.
- Ataques de pánico.
- Déficits en habilidades sociales.

Estos diagnósticos son incorrectos en la medida en que olvidan o restan importancia explicativa a los aspectos situacionales laborales tóxicos que los están causando y que tienen su origen en una agresión externa, continuada y mantenida, y no en una fragilidad psicológica de la víctima. Estos diagnósticos clínicos no suelen verificar la existencia de comportamientos de hostigamiento en el ámbito del trabajo del paciente.

A esto puede añadirse el efecto perverso sobre la salud psíquica de la víctima de ciertas «terapias positivas» de corte «culpabilizador» que no hacen sino cargar las tintas sobre el papel protagonista que la víctima tiene en la «fabricación de su propio mal». Si la información de que la víctima recibe algún tipo de tratamiento psicológico llega a la organización, ello puede servir para estigmatizarla aún más, reforzando en la opinión pública la idea de que se trata de una «personalidad patológica». A ello coopera el «error básico de atribución». Se refuerza así el proceso de estigmatización iniciado contra la víctima, a la que se atribuye la responsabilidad de la situación debido a sus «problemas psicológicos». Todos quedan tranquilos puesto que «la víctima tiene la culpa de lo que le ocurre».

La imagen pública, la reputación, así como la carrera profesional de la persona pueden verse dinamitadas o destruidas de manera irremediable.

5. Fase de salida o exclusión de la organización. Al llegar este punto todo está dispuesto para que la víctima sea lanzada, excluida o expulsada de su lugar de trabajo. La salida de la organización del trabajador afectado por el acoso psicológico se ha ido facilitando, cuando previamente no existían ni se daban causas por las que prescindir de él.

En determinados grupos de edad, la salida de la organización aboca al trabajador a un período de paro prolongado o definitivo casi seguro.

Muchas víctimas, al no poder resistir la situación límite del acoso psicológico sobre ellas, mal diagnosticadas y desasistidas por los especialistas, aisladas y estigmatizadas por su entorno profesional y social, y viéndose sin otra opción profesional interna, deciden terminar con la relación laboral por sí mismas y abandonan su puesto de trabajo, con tal de escapar del «campo de concentración» en el que viven. Si la víctima pertenece a la administración pública, suele pedir un traslado que le perjudica, o bien suele solicitar directamente una excedencia voluntaria. En algunos casos extremos de *mobbing,* abandonan para siempre la función pública.

Las víctimas que deciden resistir sin abandonar su lugar de trabajo y sin hacer frente al acoso que padecen entran en la indefensión y generan una espiral de bajas laborales crecientes, incrementándose de forma significativa la probabilidad de ser despedidas por una baja productividad o por sus reiteradas ausencias del trabajo.

Resulta preocupante y doloroso observar que para la mayoría de las personas que atraviesan un problema de acoso psicológico en el trabajo, la situación desemboca a medio plazo en una salida de la organización o en un desplazamiento que se opera de manera más o menos traumática para la víctima.

¿Por qué me hacen *mobbing*? ¿Qué he hecho yo para merecer esto?

Es la «pregunta del millón» que se hace toda víctima de acoso psicológico en el trabajo. Se suele acusar falsamente a las víctimas de *mobbing* por parte de los hostigadores de todo tipo de *graves incumplimientos, maldades, defectos, vicios, inmoralidades, faltas de ética* y *problemas de personalidad,* para hacerlas merecedoras del hostigamiento y encubrir así sus comportamientos agresores y sus tendencias psicopáticas.

En todos los casos las perversas acusaciones que se dirigen a las víctimas referidas a su mala actitud, su desempeño deficitario, e incluso su mala intención, se enmarcan en un proceso de «caza de brujas» que pretende ocultar la verdadera intención violenta del acosador, camuflando sus características psicológicas patológicas y distrayéndose así la atención de otros problemas organizativos que interesa hacer pasar desapercibidos.

La víctima de *mobbing,* cuando cae en la cuenta de lo que le ocurre, sabe bien en qué consiste este tipo de juego perverso. Cuanto más se defiende de esas acusaciones, más confirma la versión del acosador.

A pesar de ello son pocas las personas afectadas que han podido sustraerse a formularse la pregunta que se suelen hacer tarde o temprano todas las víctimas de estas agresiones. La pregunta es: ¿qué he hecho yo para merecer esto? ¿Por qué me hacen esto a mí?

La persona que recibe este bombardeo psicológico padece una enorme confusión que procede del hecho de que el autoanálisis repetido de su comportamiento y de sus actitudes no le da cuenta cabal de por qué se la hostiga. No encuentra base suficiente para que se la acose de ese modo.

La persistencia de este estado de confusión explica por qué los trabajadores afectados tardan entre quince y dieciocho meses de media en caer en la cuenta de lo que les ocurre, y por qué se producen la paralización y la indefensión inicialmente.

Cuando en los barómetros Cisneros preguntamos a las víctimas acerca de cómo se explican que fueran elegidas como objetivos del hostigamiento, suelen proporcionarnos las siguientes causas:

- Porque se resistieron a ser manipuladas por el acosador, a diferencia de otros compañeros que no ofrecieron resistencia.
- Porque no cayeron en el servilismo o la sumisión (ser un «sí, señor»).
- Porque despertaron los celos del acosador, debido a una competencia laboral extraordinaria.
- Por la envidia suscitada debido a sus habilidades sociales (simpatía, don de gentes, actitud positiva, aprecio y reconocimiento por parte de los demás).

- Por «tirar de la manta» en temas mantenidos ocultos de manera irregular o ilegal, o bien por no haber aceptado participar en «enjuagues», y ello desencadenó las represalias del acosador.
- Por la personalidad «enfermiza» (psicopática, narcisista o paranoica) del acosador.
- Por haber despertado los celos en otros debido a su situación personal o familiar feliz, que el acosador no tenía o había perdido, o a la que se había visto forzado a renunciar supuestamente por el trabajo.
- Por no haber transigido a chantajes o demandas sexuales.
- Por ser diferentes en alguna característica significativa a la mayoría de los demás trabajadores.

La «respuesta a la pregunta del millón» es que no se trata de algo que la persona haya hecho, sino más bien de «algo que NO ha hecho»: no ser sumiso, no ser servil, no dejarse manipular, no transigir con la mentira o los enjuagues, no mirar hacia otro lado ante la corrupción o los desmanes, no dejarse avasallar sexualmente, no ser un mediocre profesional, no ser igual que los demás, etcétera.

> La víctima de *mobbing* no ha hecho nada que justifique que se le hostigue. El acoso psicológico es por sí mismo un comportamiento injustificable.
>
> La pregunta que se hacen las víctimas, ¿qué he hecho yo para merecer el *mobbing*?, busca la responsabilidad del *mobbing* allí donde no se puede encontrar: en la víctima en lugar de en el agresor.

> Siendo el *mobbing* un comportamiento injustificado e injustificable, la víctima resulta ser siempre inocente.
>
> La conciencia de su inocencia es la base principal de la recuperación psicológica de las víctimas.

¿PUEDE SER EL *MOBBING* UNA ESTRATEGIA DE DIRECCIÓN DE PERSONAS EN UNA ORGANIZACIÓN?

Se trata de una pregunta recurrente que surge en relación al *mobbing*. Es un hecho que el *mobbing* puede ser desplegado por personas de alto nivel en una organización, como pueden ser directivos o jefes. Por otro lado, las organizaciones de forma habitual suelen ser enormemente reacias a admitir que en su seno se produzcan semejantes comportamientos, desarrollando la típica reacción de avestruz, de no querer mirar de frente un problema evidente.

Es difícil, sin embargo, que una organización adopte el *mobbing* como una estrategia generalizada de destrucción de sus recursos humanos. Las empresas actuales suelen ser conscientes cada vez más de la enorme importancia que tienen éstos y no están dispuestas a destruir su capital intelectual humano, que saben fuente de su competitividad. Es frecuente que el *mobbing* se produzca en algunas dependencias, zonas o áreas de la organización, con el general desconocimiento o ignorancia de lo que ocurre por la dirección de la empresa u organización.

Algunas veces, sin embargo, cuando el acosador ostenta cargos directivos de los que dependen algunas políticas funcionales de la compañía (como puede ser la política de recursos humanos), pueden derivarse actuaciones gravemente lesivas contra un trabajador o un grupo de ellos, que se hacen «aparecer» como «la política» de la compañía en esa materia. Un ejemplo es cuando se dan instrucciones precisas para coaccionar a un trabajador hasta que renuncie o se vaya, o hasta que acepte la renuncia a un derecho.

En tales casos los protocolos *antimobbing,* que ya muchas empresas desarrollan para prevenir la aparición de este tipo de problema, suelen dejar muy claro *para todos* y *por escrito* que este tipo de comportamientos no queda amparado por la compañía bajo ningún principio de actuación, ni siquiera siguiendo el cumplimiento de un deber. El cumplimiento de un deber o función no puede consistir, bajo ninguna circunstancia, en la coacción, la amenaza o la destrucción psicológica de un trabajador. Ninguna política de una organización puede consistir en este tipo de actuaciones, que se sitúan al margen de los derechos fundamentales que reconocen todos los ordenamientos jurídicos de las naciones avanzadas.

Es cierto, no obstante, que algunas empresas con enfoques feudales en sus políticas de personal, y buscando tan sólo un efecto de productividad a corto plazo, siguen confundiéndose, entendiendo que la obtención de la productividad y los resultados pasa por exprimir y aplastar a una fuerza laboral que es mera mano de obra reemplazable, y por someter a trabajadores a los que se trata como cosas o recursos de «usar y tirar» contra los que hay que ejercitar algún tipo de psicoterror para mantenerlos a raya. En este tipo de empresas no es infrecuente encontrar situaciones de psicoterror laboral generalizadas en las que los trabajadores son meros súbditos o vasallos.

¿Va incluido en el sueldo ser acosado psicológicamente?

A pesar de que son numerosos los trabajadores como Ambrosio, que relatan que no han encontrado en su vida profesional sino entornos laborales en los que, en diferentes momentos y mediante diferentes modalidades, han sufrido o padecido acoso psicológico en el trabajo, es necesario insistir y recalcar que el trabajo, sea del tipo que sea, no puede consistir en la lesión del derecho a la integridad física y psicológica o en la vulneración de la dignidad del ser humano ni otros derechos humanos. Hay que recordar que el artículo 5 de la Carta de la Declaración Universal de los Derechos Humanos, aprobada por la Asamblea General de las Naciones Unidas, señala que: «Nadie será sometido a tortura o a ningún tipo de trato o castigo que resulte cruel, inhumano o degradante».

Más allá de la polémica de si es o no necesaria la tipificación específica o la simple aplicación de la protección de los derechos fundamentales constitucionales, lo cierto es que en diferentes resoluciones del Parlamento Europeo, del Senado y del Congreso de España, y de diferentes parlamentos autonómicos, se declara que el *mobbing* o acoso psicológico en el trabajo es lesivo para el derecho fundamental de cualquier trabajador a que su trabajo no perjudique ni ponga en riesgo su salud física y psíquica.

La clave, por tanto, es que de una forma u otra se haga valer la defensa del derecho fundamental a la dignidad, a la integridad física y psicológica y a que el desempeño de un trabajo no produzca lesiones a la persona.

En la defensa de la salud laboral del trabajador, la legislación sitúa a la organización que lo emplea en posición de garante, lo cual quiere decir que es ella la que tiene en última instancia la responsabilidad jurídica por las lesiones que se le deriven al trabajador por el hostigamiento de que es objeto en su trabajo.

Esto último es comprendido de manera creciente por la magistratura que falla en contra de organizaciones que no salvaguardan debidamente este derecho fundamental, al no proteger a las víctimas de *mobbing* de la acción depredadora de los hostigadores que la han dañado física o psíquicamente.

La ausencia de protección o tutela efectiva de los derechos que el *mobbing* vulnera está propiciando una creciente movilización social y política en favor de la protección contra los abusos laborales en que tales comportamientos consisten, tal como ha sucedido ya en otros países de nuestro entorno. En esta movilización cabe encontrar numerosas asociaciones que han nacido para ejercer una función social de denuncia y para hacer valer la voz de las víctimas.

Es necesario señalar también que la experiencia de una regulación legal específica sobre *mobbing* en algunos países no siempre ha resultado positiva ni ha terminado con el problema.

El debate legislativo ha servido en cualquier caso para desplegar una importante labor de concienciación de la sociedad acerca de la gravedad del problema, ayudándose así a las víctimas a reconocer el *mobbing* desde el principio.

3

Cómo salir del proceso de victimización

> Ódiame, por favor, yo te lo pido.
> Ódiame sin medida ni clemencia;
> odio quiero más que indiferencia,
> porque el rencor
> hiere menos que el olvido.
>
> *Ódiame* (bolero)

¿POR QUÉ RESULTA DIFÍCIL RECONOCER Y HACER FRENTE AL *MOBBING*?

A pesar de ser conscientes de estar siendo hostigadas por el *mobbing*, en muchas ocasiones las víctimas no hacen valer sus derechos ni comunican los cuadros de agresiones o violencias psicológicas a que están siendo sometidas debido a que:

- Temen que nadie las entienda, las crea o las tome en serio.
- Temen que reportar el acoso y plantear una demanda legal reduzca en el futuro sus oportunidades o afecte negativamente a sus carreras profesionales.
- Temen que la denuncia incremente la intensidad del ataque; incluso llegan a temer agresiones físicas, debido a las amenazas que reciben.
- Suelen sentirse culpables o con mala conciencia, debido a la acción manipulativa que sobre ellos realizan los acosadores.

- Suelen presentar un tipo de personalidad *no confrontativa,* tendente a la mediación, a «no hacer sangre de los conflictos», a «poner la otra mejilla», a ser «poco asertivos» respecto de los propios derechos, lo que les hace diferir la respuesta o sencillamente permanecer impasibles frente a las agresiones de que son objeto.
- Temen que la denuncia o defensa legal de sus derechos les remueva internamente recuerdos muy dolorosos o desagradables de las situaciones padecidas en el *mobbing*, que habían quedado reprimidos por enormemente dolorosos. Este tipo de rememoraciones traumáticas son típicas de los cuadros de estrés postraumático que suelen padecer las víctimas. Evitar este tipo de sufrimiento les hace *huir* o volver a tocar el asunto, dejándolo así sin «removerlo».
- Suelen permanecer en la indefensión, temiendo que prevalecerán más las perversas capacidades del hostigador para mentir y manipular que sus propios recursos personales, habilidades sociales y competencias, para hacer frente a ellas. Esto es efecto de una autoestima atacada y deteriorada por el *mobbing*.
- Confían poco en la respuesta institucional y organizativa frente a la denuncia, ante la que la institución suele optar por librarse del acosado, antes de dar pie al escándalo público, dejando sin sancionar el comportamiento del hostigador.
- Temen repetir el destino laboral de otros trabajadores anteriormente acosados (los denominados «cadáveres del armario» del hostigador en serie), que acabaron a su vez abandonados a su suerte.

Estas y otras rémoras explican un conocido fenómeno: la confianza en la «salvación en el último minuto». Cuando finalmente se hace algo, ya es tarde. La mayoría de los estudios señalan que si de algo se arrepienten sistemáticamente las víctimas de acoso psicológico es de no haber hecho frente antes al problema.

¿POR QUÉ LE CUESTA RECONOCER A LA ORGANIZACIÓN LOS CASOS DE ACOSO PSICOLÓGICO?

Ante la existencia de *mobbing* en su seno, la mayoría de las organizaciones desarrollan un tipo de síndrome que denominamos «síndrome de negación organizacional». Consiste en el desarrollo de teorías pseudoexplicativas que tienden a errar en el diagnóstico real, atribuyendo de manera frecuente el problema a causas que poco o nada tienen que ver con el caso.

Es importante señalar que la existencia de un solo caso de acoso psicológico señala el fallo en la obligación de la organización de proteger la salud laboral de sus trabajadores.

En este sentido resulta necesario insistir en que la dirección de la organización debe comprender cuanto antes que el *mobbing* supone un problema de la organización y no un mero problema particular entre individuos ante el cual deba inhibirse.

El *mobbing* es el signo o el síntoma de que las cosas no marchan bien en la forma de organizar el trabajo, de asignar los recursos humanos, de seleccionar o promocionar a los directivos clave, o en lo que se refiere a los valores, la cultura y el estilo de *management* de la organización en la que se producen tales comportamientos. Las organizaciones en las que se produce el *mobbing* son auténticas organizaciones tóxicas, en las que el hecho de trabajar en ellas *resulta nocivo para la salud de algunos de sus trabajadores*.

Asumir que en una organización es normal o hasta deseable que se produzca el *mobbing* es un razonamiento patológico que va en sentido contrario a cuanto establece el moderno *management* científico.

En muchos sectores de los ya citados, en los que el acoso psicológico es especialmente prevalente, hay quien justifica las elevadas tasas de *mobbing* en su seno con afirmaciones complacientes que lo justifican porque «siempre ha sido así», «no se puede cambiar» o «no es posible funcionar de otro modo».

Estas justificaciones son el fruto de una resignación que, además de poco ética, resulta inaceptable a la luz de lo que establece el moderno *management* o dirección de personas y la existencia de derechos fundamentales de los trabajadores.

Los intentos persistentes de intimidar a la víctima y de «satanizarla», haciéndola aparecer cada vez más malvada y estúpida y menos profesional, no suelen ser evidentes dentro de la organización, por lo que son difíciles de identificar por ésta. El proceso de satanización de la víctima, convertida en verdadero chivo expiatorio de la organización en la que trabaja, va a hacer aparecer a ésta ante la opinión pública como portadora de todas las perversiones profesionales que imaginarse pueda. Se contribuye así de manera decisiva a que el acoso psicológico permanezca oculto o camuflado bajo otros supuestos problemas que son formulados incorrectamente en términos borrosos como:

- Incompatibilidad de caracteres.
- Estrés laboral.
- Problemas de liderazgo.
- Falta de habilidades sociales.
- Estilos de mando inapropiados.
- Estilos de liderazgo de tipo impositivo o autoritario.
- Falta de experiencia en la dirección.
- Situación de tensión transitoria o coyuntural por la urgencia de un trabajo o proyecto.
- Situaciones o problemas familiares de la víctima.

A la organización le resulta habitualmente muy difícil reconocer la existencia del *mobbing* en su seno y tiende a mirar hacia otro lado, negándose a ver un problema que le resulta incómodo y disonante con la complaciente opinión que muchos dirigentes empresariales tienen de sí mismos y de la gestión de las organizaciones que dirigen.

Nunca es buena noticia para estos dirigentes constatar que en su organización se producen situaciones tan perversas como las que genera el *mobbing*. Se desarrolla un conocido fenómeno, tendente a reducir la disonancia cognitiva. El efecto es la racionalización de los casos de *mobbing*.

Por otro lado, al no apercibirse de las habilidades de manipulación y de las maniobras de seducción del acosador, quienes tienen la responsabilidad de evaluar y prevenir el acoso resultan víctimas de ellas.

¿Por qué les resulta difícil reconocer el acoso psicológico a los compañeros de trabajo, amigos y familiares de la víctima?

Los compañeros del entorno de las víctimas, sus amistades e incluso sus familiares incurren de manera sistemática en el denominado «error básico de atribución», cayendo fácilmente en el error de percibir a la víctima como merecedora de su castigo u hostigamiento por alguna causa interna. «Algo habrá hecho» es el tema genérico de tal tipo de error.

Este tipo de error en la atribución es un mecanismo inconsciente y generalizado en el que las personas del entorno laboral, social y familiar de la víctima suelen caer, y que daña considerablemente la resistencia psicológica de la víctima, rematando la faena de los hostigadores.

En la mayoría de los problemas que cursan con procesos de victimización puede observarse cómo los que observan el proceso desde fuera tienden a atribuir a la víctima de la agresión una serie de características, rasgos o disposiciones internas que explicarían y serían causa de la agresión que están recibiendo.

En cuestión de acoso psicológico es sistemático el intento de todo el mundo, incluidos algunos investigadores noveles, de fundamentar en la personalidad o en los rasgos de las víctimas la causa de su acoso. Esto se materializa en la pregunta que una y otra vez formulan a la víctima: pero ¿qué has hecho?

Sin embargo, hasta la fecha ningún estudio publicado ha podido establecer la causa del acoso en supuestos rasgos de personalidad de la víctima.

Lo que explica el acoso psicológico no es la supuesta personalidad de la víctima «atractora del *mobbing*». Tampoco es suficiente la psicopatología del agresor. Es la interacción de los siguientes factores la que explica el desarrollo del *mobbing*:

- La forma de responder, afrontar y enfrentar las víctimas la situación de hostigamiento.
- Los factores de la organización que resultan tóxicos.
- La personalidad patológica y la práctica consuetudinaria del acoso en serie de los acosadores.
- La reacción del entorno y los testigos del hostigamiento.

A pesar de esto la explicación causal más frecuente, con la que todos «descansan tranquilos», pasa por encontrar en las actitudes y disposiciones internas de la víctima la causa de su acoso. Esto afecta desgraciadamente por igual a compañeros de trabajo, directivos, amigos e incluso a la propia familia de la víctima. Por ello esta atribución generalizada es especialmente lesiva para la salud psicológica de la persona.

¿POR QUÉ LA PAREJA TARDA EN COMPRENDER Y EN APOYAR A LA VÍCTIMA DE ACOSO PSICOLÓGICO EN EL TRABAJO?

La relación de pareja se resiente fuertemente de una situación de acoso psicológico en el trabajo. Las consultas por *mobbing* suelen llegar, muy frecuentemente, como una solicitud de ayuda especializada, forzada por uno de los miembros de la pareja, como último recurso antes de proceder al divorcio o separación.

El *mobbing* constituye a ciencia cierta una de las situaciones más graves por las que una pareja puede pasar y supone un verdadero «estado de excepción» en el transcurso de la relación. En el tratamiento de las víctimas de *mobbing* solemos pedir que la pareja acompañe a la víctima a algunas sesiones de terapia o *coaching*. Suele ser necesario explicar a la pareja de la víctima, verdadero «daño colateral», cómo el *mobbing* puede estar deteriorando su relación y cómo puede él o ella ayudar en la recuperación de su pareja. Una mala actitud de la pareja de la víctima, generalmente procedente de la ignorancia y no de la mala fe, suele ser un factor de agravamiento de la salud psicológica del acosado. Las parejas desconocen de forma mayoritaria cómo interfiere en las relaciones este tipo de problema.

Las siguientes formas de reaccionar de las parejas de las víctimas de *mobbing* suelen significar un empeoramiento del pronóstico en la recuperación del *mobbing*.

1. *Falta de empatía de la pareja hacia las circunstancias laborales de la víctima*. No hay que olvidar que el cónyuge suele desconocer la situación concreta por la que atraviesa una víctima de acoso laboral. Las razones del desconocimiento radican en que:

- El *mobbing* suele comenzar con un cambio o inversión en una relación con el acosador que hasta la fecha había sido positiva o incluso muy positiva. Resulta difícil aceptar que ese cambio se haya produ-

cido sin más y sin razones aparentes. «Algo le habrás hecho» es lo que suelen escuchar las víctimas de sus parejas.
- La víctima suele ser la primera en dudar y se resiste a aceptar que está siendo objeto de un acoso malicioso cuyo objetivo es la destrucción de su persona. Debido a ello, es difícil que pueda comunicar nada coherente a su pareja, que resulta aún más desconcertada y confusa.
- Su pareja no puede concebir, por increíble, que se puedan producir semejantes situaciones en empresas u organizaciones modernas, avanzadas, en los albores del siglo XXI.
- El sufrimiento de la víctima no suele verbalizarse, sino somatizarse previamente, dando lugar a una interpretación errónea de esas enfermedades nuevas por parte de la pareja: «Necesitas unas vacaciones». «Estás estresada.» «Creo que tienes la "depre".» «Necesitas ver al psicólogo.» «Creo que trabajas demasiado.»
- Cuando la víctima llega a comprender que la causa de todo puede radicar en una situación de acoso psicológico por parte de un agresor que busca su degradación y destrucción personal, y comienza a comentarlo con su pareja, ésta suele hacer referencia casi de inmediato a la poca consistencia de esa interpretación: «¿No estarás paranoica/o?».
- El tiempo que las parejas dedican, diaria o semanalmente, a comunicarse se reduce cada vez más. Debido a ello, las vivencias traumáticas como el *mobbing*, que suelen requerir de paciencia, tiempo y un clima

de aceptación incondicional y empatía para sanar, apenas tienen hueco en las agendas familiares repletas de obligaciones y trabajo doméstico, colegios, compra, lavadoras, comidas que preparar. La víctima siente que su situación no recibe la suficiente atención por parte de un cónyuge que, además, suele estar cada vez más molesto por las quejas reiteradas de la víctima.
- La reticencia habitual de las víctimas a tocar el tema o a comentar lo que ocurre en el trabajo. Esto es fruto de relegar el problema por resultar doloroso rememorar o revivir las agresiones de las que son objeto.

Esta falta de empatía de la propia pareja hace que la víctima se sienta abandonada y más indefensa frente a los ataques del hostigador. Por otro lado, se presenta una tendencia creciente a aislarse o ensimismarse, que rompe la posible comunicación con su pareja. Todos los especialistas en *mobbing* atribuyen un papel decisivo en la recuperación de las víctimas del acoso laboral al cónyuge y a su apoyo y empatía. La falta de comprensión de la propia pareja sitúa a la víctima en una tristeza y falta de esperanza que suele conducir a la depresión y frecuentemente a pensamientos e ideas suicidas.

2. *Falta de apoyo a la situación de la víctima.* Los problemas en la comunicación de la pareja conducen al nacimiento de otros problemas en la relación y a la falta de apoyo a la víctima en su situación. Los problemas más habituales que genera la falta de apoyo a las víctimas por sus parejas son:

- El intento de la pareja de que la víctima se «arregle» o «entienda» con el acosador. Se alienta a la víctima para que colabore y ponga todo de su parte para arreglar las cosas con el acosador; la víctima suele sentirse confundida, desorientada o crecientemente enfadada a causa de este comportamiento de su pareja. Percibe que lo que se le pide es injusto e indebido, y que la pareja no «entiende nada del tema».
- Las quejas recurrentes de la pareja, cansada y harta de que toda la comunicación gire sistemáticamente en torno al tema laboral del acoso.
- Las críticas de la pareja, que suele culpabilizar a la víctima por no poder encontrar una solución a la situación y terminar ya con esa pesadilla para la relación.
- La frecuente negativa del cónyuge (debido principalmente a razones económicas) a que la víctima abandone su trabajo y salga así de la situación de acoso.

3. *El abandono o la ruptura de la relación de pareja.* Muy frecuentemente la quiebra personal, social y económica, así como las secuelas psicológicas que padece la víctima, como son la hipersensibilidad, la irritabilidad, la depresión, el aislamiento personal y social, el incremento en la conflictividad o el mismo abandono en su aspecto físico, hacen que para su pareja ya no resulte atractivo o motivante seguir con ella y que se produzca el abandono o la ruptura.

Con ello, se agrava el problema de la víctima, que ve añadirse a la situación de *mobbing* laboral el trauma psicológico que supone una ruptura en la relación de pareja.

> El *mobbing* supone una emergencia y un estado de excepción en la relación de pareja que requiere la máxima atención y dedicación.
>
> Es importante cuanto antes informar a la pareja de lo que ocurre para que sea parte de la solución y no parte del problema.
>
> La comunicación entre la pareja y la víctima afectada por el *mobbing* debe enfatizarse y reforzarse en duración y en intensidad.
>
> El apoyo y la aceptación incondicional de la familia y de la pareja es crucial en la recuperación.
>
> La aceptación incondicional es el mejor antídoto contra el incondicional rechazo que recibe la víctima en su trabajo.

¿POR QUÉ OTRAS PERSONAS SE DEJAN ARRASTRAR POR LOS HOSTIGADORES Y PARTICIPAN EN ACCIONES PARA ACOSAR A LA VÍCTIMA?

Es muy frecuente que los instigadores del *mobbing* organicen todo para que otros trabajadores, inicialmente neutrales, participen en acciones de hostigamiento. Las modalidades para manipular a los demás trabajadores e incitarles al linchamiento de la víctima son muy variadas y forman parte de las capacidades naturales de ciertos trabajadores con trastornos psicopáticos. Las formas en que otros compañeros de trabajo pueden verse envueltos en la dinámica de los ataques a las víctimas son variadas:

1. *Exclusión y rechazo de los compañeros de trabajo*. Éstos han recibido el mensaje del acosador (muy especialmente si es el jefe de todos ellos o tiene algún tipo de poder sobre ellos) y han comprendido que la víctima está estigmatizada. La reacción natural, como ya se indicó, suele ser que los compañeros piensen que «algo habrá hecho», incurriendo en el error atribucional ya mencionado y que tiene relación con otro mecanismo de defensa que los compañeros desarrollan posteriormente: la disonancia cognitiva. «Si no se lo mereciera, no le ocurriría nada...; luego en el fondo lo merece.»

2. *Intento de los compañeros de trabajo de reducir a la víctima al silencio*. Los compañeros de trabajo de la víctima ven en la resistencia de ésta un peligro para ellos: «Es peor si te resistes». «Déjalo estar.» «Pronto se le pasará.» «No te enfrentes a él, es más poderoso que tú.» «Haz como que no le oyes.» «Arréglate con él.»

Con la resistencia activa, el trabajador víctima de acoso psicológico suele romper un difícil equilibrio social en un departamento u organización en que suele hacerse periódicamente la paz del cementerio mediante la «sangre» de chivos expiatorios. El acoso y exclusión de un trabajador rehace rápidamente un orden social previamente caótico. Resulta estremecedor observar la reacción de muchas unidades en las que los propios compañeros de trabajo desean la salida del trabajador víctima de *mobbing* que hace frente o se defiende con el triste argumento de que así se rehará por fin la paz.

3. *El miedo o el silencio de los corderos*. Otra reacción que explica la estigmatización reside en el miedo que tie-

nen los compañeros de trabajo a comunicarse con la víctima por temor a que el acosador tome represalias contra ellos si no participan de alguna manera en el acoso. Puede observarse cómo testigos mudos dejan «asesinar» ante sus propias narices a las víctimas del *mobbing*, eso sí, con la mejor intención: salvaguardar sus empleos, su *modus vivendi,* sus carreras profesionales, el «pan de sus hijos», etcétera.

4. *La obediencia a la autoridad.* A veces, son los propios compañeros de trabajo los que se suman a la labor de acoso del hostigador, haciendo de cooperadores necesarios en el aniquilamiento psicológico, sólo debido a que éste es ordenado por una figura a la que atribuyen alguna autoridad, normalmente un jefe o directivo.

El mecanismo de «obediencia a la autoridad», descrito en los años setenta por Stanley Milgram, profesor de la Universidad de Yale, explica cómo personas «normales» pueden, con bastante facilidad, llegar a involucrarse y a colaborar activamente en graves agresiones, siempre y cuando piensen que estos actos son ordenados, solicitados, refrendados o autorizados por personas con algún tipo de autoridad, sobre las que la persona descarga la responsabilidad de su propio comportamiento («Yo soy un "mandao"»).

El profesor Milgram utilizó a cuarenta personas evaluadas como normales y sanas psicológicamente y les solicitó que participaran en un experimento que consistía en un supuesto estudio del efecto del castigo sobre el aprendizaje y la memoria. Para ello el participante era requerido por un experimentador, vestido con una bata blanca, para administrar descargas eléctricas de intensidad creciente cada vez que un supuesto alumno se equivocaba en la respuesta que debía recordar. Antes de comenzar, el supuesto «alumno», que no era sino un actor preparado para simular, debía memorizar pares de palabras que iban juntas. A cada palabra enunciada por el monitor, el alumno debía contestar con rapidez dando la palabra que casaba con la primera. Si se equivocaba, el monitor debía administrar a través de unos electrodos situados en el brazo del alumno descargas eléctricas que podían llegar a ser muy dolorosas. El investigador de bata blanca y un ayudante se ausentaban a una sala contigua, desde la que podían seguir el desarrollo del experimento.

El verdadero conejo de Indias del experimento era el monitor que debía administrar esas descargas eléctricas, es decir, cada una de las cuarenta personas a las que se pidió que administraran las descargas de manera creciente a medida que se iba equivocando el «falso alumno». Este monitor, sentado delante del cuadro eléctrico, debía ir aumentando la intensidad de las descargas en 15 voltios cada vez que el alumno cometía un nuevo error.

El test comenzaba con descargas leves, pero al llegar a 75 o 100 voltios el alumno (actor) gemía de dolor. Cuanto mayor era la descarga mayor era la desconcentración y más numerosos los errores. Al llegar a los 120 voltios el alumno (actor) chillaba y gritaba que le dolía mucho. A los 150 voltios el alumno (actor) le suplicaba al monitor que se detuviera y le pedía abandonar el experimento.

En este punto los resultados del experimento son verdaderamente impactantes. ¡Más del 80 por ciento de los monitores (cobayas) siguió adelante haciendo caso omiso a las súplicas del alumno (actor)! Antes de administrar cada descarga el monitor anunciaba en voz alta los voltios que administraba.

Al llegar a 165 voltios el alumno (actor) suplicaba de nuevo: «¡Pare, por favor, pare, suélteme! ¡Déjeme salir de aquí!». La totalidad de los monitores, menos uno, siguió con el interrogatorio administrando descargas eléctricas. Si en algún momento el monitor dudaba o vacilaba, y se volvía hacia el experimentador, se le indicaba que prosiguiera con el experimento con una fórmula firme y cortés del estilo: «Continúe por favor» o «es necesario que continúe».

Al llegar a 300 voltios el alumno gritaba que ya no respondería a las palabras del monitor (cobaya). El monitor debía considerar esta abstención como una mala respuesta y le administraba una nueva descarga eléctrica.

Al llegar a los 450 voltios el alumno (actor) simulaba que ya no podía responder ni moverse de su silla siquiera. Sin embargo las descargas llegaban hasta el final.

Las conclusiones de este experimento fueron contundentes. Cualquiera de nosotros, personas normales, puede, bajo la influencia de una figura de autoridad, infligir a una víctima inocente un terrible castigo, sólo con tal de que quien ordene el castigo sea percibido por nosotros como la autoridad competente.

Parecen existir una serie de condicionantes en nosotros que explican cómo bajo la «autoridad» nos comportamos dócilmente, descargando la responsabilidad del daño que podemos producir aduciendo que son «otros», esto es, «los que mandan», los que sabrán lo que conviene y por tanto los verdaderos responsables de lo que hacemos.

La sumisión a la autoridad es absolutamente inconsciente. El mecanismo, en cuanto al acoso psicológico, puede basarse en que quien ordena el hostigamiento o anima a otros a ejecutarlo es un responsable jerárquico. Pero también es muy frecuente que el tipo de autoridad o poder sea de tipo informal, es decir, que quien instiga al *mobbing* sea alguien con ascendencia o influencia en los trabajadores de esa unidad o servicio.

Son raras las excepciones en que otros compañeros «se la juegan» amparando y dando cobertura psicológica a la víctima, asegurándole su solidaridad y que puede contar con ellos para lo que sea. La mayoría suele adoptar una prudente actitud de distanciamiento «mirando hacia otro lado» o simulando que el problema no va con ellos.

Sin embargo, el hecho excepcional de que alguien le muestre a la víctima su apoyo o solidaridad supone una de las acciones más eficaces en pro de la recuperación psicológica de la víctima. De ahí que sea muy importante que existan testigos que no sean «mudos». Su solidaridad con la víctima detiene y desincentiva los comportamientos de hostigamiento por parte de un tipo de personas, los «psicópatas organizacionales», que evalúan si la víctima posee o no apoyos internos antes de proceder contra ella. Su enorme aversión psicopática a correr riesgos o su posición paranoide, que le evita demostrar vulnerabilidad, le obligan a detener los ataques si ve que la víctima presenta dichos apoyos internos. De ahí que sea de gran ayuda, si se quiere detener el proceso de acoso psicológico contra una persona, romper la unanimidad persecutoria. Con que sólo una persona se posicione a favor de la víctima, se quiebra dicha unanimidad que resulta clave para la salida del problema.

Cualquier persona normal puede, inconscientemente, participar en el hostigamiento de la víctima.

Los trabajadores neutrales o amigos de la víctima pueden terminar siendo manipulados por el acosador y enconados en contra de la víctima.

El mecanismo inconsciente de la obediencia a la autoridad puede llevar al hostigamiento colectivo bajo la justificación de que alguna autoridad, jerárquica o no, lo ordena.

La unanimidad persecutoria de «todos contra uno» es característica del *mobbing* y puede explicarse por el mecanismo inconsciente de chivo expiatorio.

4
Cómo neutralizar los efectos psicológicos del *mobbing*

> Cuentan de un sabio que un día
> tan pobre y mísero estaba
> que sólo se sustentaba
> de unas hierbas que cogía.
> ¿Habrá otro, entre sí decía,
> más pobre y triste que yo?;
> y cuando el rostro volvió
> halló la respuesta, viendo
> que otro sabio iba cogiendo
> las hierbas que él arrojó.
>
> Pedro Calderón de la Barca

¿No resulta excesivo hablar de «víctimas» de *mobbing*?

Muchas personas manifiestan cierta reticencia a llamar a las cosas por su nombre. En este caso puede haber cierta prevención en calificar a los trabajadores que padecen *mobbing* como «víctimas de *mobbing*».

Vistas las situaciones de naufragio profesional, personal y familiar a las que expone el acoso psicológico en el trabajo, no resulta exagerado el calificativo de víctima de *mobbing* a quien lo padece. Hay una especie de tabú en muchas personas, incluso en algunos psicólogos, que dudan sobre lo adecuado del uso de la palabra «víctima» para referirse a las personas que padecen o han padecido *mobbing*. Alegan que existiría victimismo en el mero hecho de denominar como víctima a la que lo ha sufrido.

Late en el fondo de esta prevención algún modelo psicológico mal entendido y peor digerido. El análisis transaccional, y más concretamente el conocido planteamiento de Karpman sobre los episodios de rol triangulares entre víctima-perseguidor-salvador, establecería la concatenación de tres roles que terminan ejecutando consecutivamente todos los actores del mismo drama. Quien hoy es la víctima termina siendo el perseguidor y viceversa.

Esta objeción supone un mal planteamiento de la cuestión y no es de recibo en un asunto como el *mobbing*.

Reconocer a la víctima como tal; o que así se reconozca ella misma, no equivale a incitarla a convertirse en el futuro en hostigadora o hacerla entrar en el victimismo. Reconocer como tales a la víctima de una violación o a las víctimas de torturas en un campo de concentración resulta imprescindible para dar un significado y una interpretación existencial al problema que han padecido. Lo mismo ocurre en el caso del *mobbing*.

Decir que se trata de un mero problema de perspectiva, o decir que reconocerse a sí mismo como víctima del *mobbing* supone entrar en el victimismo, no es sino negar de manera flagrante la verdad y la realidad de las agresiones producidas, además de privar a la persona del significado ético del problema.

Qué decir en ese sentido si se acusara, por ejemplo, a las Madres de la Plaza de Mayo argentinas de ser unas victimistas y de que ¡ya está bien de aprovecharse de un «mero problema de perspectiva», como fue la desaparición, secuestro, tortura y asesinato de sus seres queridos, para «llamar la atención» o «buscar consuelo» en los demás!

Algunos, desde una supuesta «equidistancia emocional», podrían recomendar, tanto a estas valientes mujeres como a las víctimas de *mobbing*, no exagerar las cosas, animándolas a que «dejen de ser victimistas» y que «aprovechen la oportunidad» que les brinda el asesinato de sus seres queridos, en el primer caso, o su destrucción personal y profesional en el segundo, para aprender lo que es «independencia afectiva», «autoliberación interior», «inteligencia emocional», «tolerancia a la frustración», «habilidades sociales», «autoeficacia», etc.

Hasta donde llega nuestro conocimiento, las justas reivindicaciones de sus derechos o sus movilizaciones en pro de la justicia no han hecho de las antiguas víctimas de campos de concentración o de las Madres de la Plaza de Mayo nuevas torturadoras.

El dimensionamiento ético del problema del *mobbing* pasa por distinguir claramente a la víctima del agresor. Esto es lo que le da a la víctima la posibilidad de rearme moral y ético. Privar del significado ético a la víctima de *mobbing*, confundiendo deliberadamente a la víctima y a su agresor, aduciendo que son meros papeles intercambiables según sea la perspectiva adoptada, es la última y más refinada estrategia de los hostigadores, que pretenden hacer pasar a las víctimas por verdugos y a los verdugos por víctimas. Las posiciones relativistas en casos de violación, asesinato, abuso de menores, maltrato doméstico o *mobbing* son absolutamente rechazables, éticamente censurables, además de ajenas al código deontológico de un psicólogo.

Tampoco se puede afirmar, desde un criterio mínimamente formado, que la moralidad o la ética de estas agresiones sea relativa a cada sistema cultural y que lo que se trata de conseguir es una mera reevaluación cognitiva. Con esto se trata de una manera solapada de justificar tácitamente la actuación de los hostigadores. Situar en el mismo plano ético el comportamiento de la víctima y el del agresor es absolutamente rechazable.

> Es un error afirmar que el *mobbing* es un mero problema de perspectiva entre «víctima» y «hostigador».
>
> Es un error afirmar que el acoso psicológico es un mero conflicto no resuelto o no afrontado, o un problema de incompatibilidad de caracteres o meros problemas de *management*.
>
> Privar del *status* de «víctima» a quien verdaderamente lo es, niega la verdad de los hechos y le hurta la comprensión racional y ética del problema.

¿Existen riesgos para la salud de las personas que padecen acoso psicológico en su trabajo?

Los daños que el *mobbing* produce son considerables. Más de la mitad de las personas acosadas psicológicamente manifiestan secuelas psicológicas y/o físicas. La víctima de las agresiones va perdiendo gradualmente la fe y la confianza en sí misma, como consecuencia de lo cual se ven afectados diferentes aspectos de su vida.

Entra en un estrés creciente, que va minándola físicamente y que termina haciéndose crónico e inespecífico, dando lugar a multitud de afecciones o enfermedades somáticas crónicas, que suelen conducir a una baja laboral, incapacidad temporal o incluso incapacitación permanente. La calidad del trabajo y la eficacia de la víctima se ven alteradas a la baja, proporcionándose de este modo nuevos argumentos al acosador para seguir justificando su agresión a la víctima e incrementando perversamente la percepción pública de que se trata de un castigo merecido por parte de ésta por su falta de productividad o por comportamientos erráticos.

Los problemas de salud de la víctima tienen origen en la situación de estrés crónico, ansiedad y angustia. Ello explica que el organismo se vaya deteriorando y que vayan apareciendo enfermedades que suelen llevar a la baja laboral del acosado.

A partir de ahí el absentismo, las interferencias de una mala salud, la falta de concentración o las alteraciones de la personalidad por el daño generado son razones que se aducirán añadiéndose a la maledicencia contra la víctima.

Así es como la persona víctima de *mobbing* recibe la evidencia de que los mensajes acusatorios de los hostigadores tienen alguna entidad real. Se desarrollan sentimientos de culpa e indefensión, y la persona queda paralizada ante el hostigamiento que recibe.

El miedo de la víctima a perder su puesto de trabajo por despido o a tener que abandonarlo por problemas de salud o por baja labotal continuada no hace sino incrementar su ansiedad y realimentar el cuadro de estrés postraumático y sus reacciones somáticas.

La víctima sufre una desestabilización grave y alteraciones emocionales y de la personalidad que afectan a su esfera de relaciones sociales y familiares, generando problemas de relación social y de pareja que no existían anteriormente. También estos nuevos problemas que ha generado el acoso se utilizarán para establecer *ad hoc la* causa de lo que le ocurre a la persona.

La frustración e indefensión en su núcleo familiar y social cercano se manifiestan en la agresividad con la propia familia (a veces puede traducirse en violencia doméstica con los hijos o el cónyuge). Se produce asimismo un aumento de la conflictividad en el ambiente familiar, con tensión, incidentes y discusiones continuados. Algunos investigadores han relacionado con el *mobbing* un incremento de las enfermedades de los hijos de las víctimas.

En el ámbito social, se produce el retraimiento de la víctima hacia sus familiares y amigos, debido a su dificultad para contener el malestar o el sufrimiento en las situaciones sociales.

También se produce un efecto de rebote, produciéndose el abandono de los amigos y el rechazo de las personas de su entorno, cansados de los síntomas de estrés postraumático y de la «obsesión» de la víctima por su acoso. La estigmatización social en los sectores de actividad laboral más próximos reduce la capacidad de empleabilidad de la víctima y, por lo tanto, empeora la evolución del cuadro de *mobbing*.

¿Es cierto que los cuadros de *mobbing* no tienen solución o que siempre generan gravísimos problemas psíquicos o físicos?

En absoluto. Los cuadros de *mobbing* no siempre generan secuelas, ni secuelas graves. Como se ha visto ya, aproximadamente la mitad de los trabajadores sometidos a *mobbing* refieren en los estudios secuelas psicológicas o físicas producidas por el acoso. Por ello no hay que esperar a que se manifieste un daño psicológico para establecer un cuadro de *mobbing*. Recordemos que el acoso psicológico en el trabajo es un riesgo laboral de tipo psicosocial que puede generar un daño para la salud laboral.

Este daño puede producir, según cada situación y sus características propias, una serie de enfermedades que no son nuevas ni desconocidas, pero que todavía no son asociadas debidamente a la causa que las genera, en este caso a las situaciones de acoso psicológico en el trabajo.

Cuando se producen las secuelas es posible recuperarse de ellas con ayuda especializada. Cada persona posee diferentes capacidades de respuesta al tratamiento. Salvo casos en verdad graves y continuados, en general se puede sobrevivir al acoso psicológico. Es cierto que en lo que se refiere a las secuelas psicológicas del *mobbing* solemos insistir en que no hay victorias sino diferentes grados de derrota. El daño y el sufrimiento psicológicos padecidos, la desestructuración familiar, la pérdida de amistades, etc., suelen hacer decir a las víctimas que «nada les podrá resarcir por el daño causado».

Los factores que resultan en cualquier caso cruciales en el buen pronóstico de la terapia o *coaching antimobbing* son:

- La corta duración del acoso o el detenerlo cuanto antes.
- La baja intensidad o frecuencia del hostigamiento.
- La elección correcta de un especialista que conozca bien el problema y no lo empeore.
- El apoyo social y familiar recibido por la víctima, en especial el de la pareja.

- La ruptura de la indefensión y la paralización mediante una estrategia de afrontamiento activo.

¿PUEDE CONFUNDIRSE EL *MOBBING* CON UNA ENFERMEDAD PSIQUIÁTRICA DE LA VÍCTIMA?

Es desgraciadamente una estrategia muy frecuente, en algunos juicios sobre acoso psicológico en el trabajo, el intento de la parte contraria de presentar a la víctima como una persona delirante o paranoica, que proyecta una sintomatología patológica en el ámbito laboral o simplemente la simula.

Se trataría, según estos alegatos defensivos, de «personas que todo lo cocinan en su cabeza», careciendo de base objetiva las quejas que manifiestan acerca de supuestas situaciones de acoso. Sin perjuicio de que, como es lógico, existen cuadros de paranoia y delirios, y que éstos afectan a todo tipo de población, es necesario insistir en que el acoso psicológico es algo muy diferente de una enfermedad psiquiátrica.

Los comportamientos de hostigamiento existen en verdad y no son meras imaginaciones o delirios paranoides de las víctimas. A veces la dificultad probatoria a la que ya nos hemos referido contribuye a que los hostigadores, expertos en el arte de simular, manipular y seducir, presenten a sus víctimas como personas paranoicas, delirantes, desestabilizadas, es decir, personas con problemas psicológicos.

Ante esto es necesario señalar que el período o etapa de confusión previa al daño psicológico, en el que la víctima se autocuestiona de forma sistemática si en realidad está siendo víctima de acoso, excluye precisamente un cuadro de paranoia.

Una persona que duda acerca de sí misma y de si no estará delirando, de si no lo estará montando todo en su cabeza, está lejos de la alienación que supone creer que en verdad *todo el mundo* está contra ella.

Lo más característico de un cuadro de paranoia es su inatacabilidad y la vivencia de absoluta imposición en la persona que lo padece. Sin embargo, no pocas víctimas de *mobbing* suelen hacer lo contrario que en el caso anteriormente referido, y piensan que es paranoia lo que, simplemente, es la natural hipervigilancia producida por el estrés postraumático, efecto de castigos sistemáticos y continuados en su entorno laboral.

Al ser sometida la víctima de *mobbing* a las trampas, al envenenamiento de los propios compañeros de trabajo, a la manipulación de los superiores, compañeros, subordinados o clientes, a las críticas sistemáticas y demoledoras a todo lo que hace, a las reacciones unánimes contra ella, no tiene nada de extraño que la víctima desarrolle un cuadro de hipervigilancia que pueda ser confundido por terapeutas manifiestamente inexpertos con posiciones paranoides.

La paranoia es una enfermedad psiquiátrica descrita que cursa con una grave alteración de la realidad (psicosis) y se piensa que obedece a determinados desequilibrios químicos existentes en el cerebro. De ahí que la medicación suela ser un tratamiento habitual para el paranoico. El paranoico no admite su enfermedad ni es consciente de ella, y es absolutamente incapaz de percibirla.

La hipervigilancia, propia de las víctimas de estrés postraumático, es la respuesta a un acontecimiento externo que reviste la forma de un ataque personal con amenaza de daño para la integridad física o psíquica de la víctima (violencia, accidente, catástrofe, violación, acoso, *mobbing*).

La persona hipervigilante es consciente de la elevación de sus niveles defensivos y de su hipervigilancia. Es capaz de verbalizar su miedo ante ese daño, utilizando a veces incorrectamente los términos (cada vez más popularizados) «paranoia», «parana», «paranoico», etc. La hipervigilancia de las víctimas de *mobbing* les hace desconfiar y desarrollar una tremenda suspicacia hacia las intenciones de los demás. Por ello pueden aparecer como cuasiparanoicos ante las personas que no conocen técnicamente el acoso psicológico y sus manifestaciones clínicas.

¿Cuáles son los cuadros clínicos que dan motivo a una consulta al psicólogo?

Dependiendo de la fase en que se encuentra cada víctima de acoso psicológico y de la duración e intensidad del mismo, puede desarrollar diferentes trastornos psicológicos que no son sino secuelas de una situación laboral tóxica. En nuestros estudios y en la experiencia en el acompañamiento terapéutico éstos son los trastornos que más frecuentemente presentan las víctimas:

- Trastornos de ansiedad generalizada.
- Trastornos de pánico.
- Depresión.
- Síndromes de estrés postraumático.
- Trastornos de somatización.
- Adicciones.
- Cambios permanentes en la personalidad.

¿Por qué el *mobbing* puede provocar la aparición de cuadros de estrés postraumático?

El trabajador que padece *mobbing* presenta al cabo de un cierto tiempo una serie de síntomas típicos del síndrome de estrés postraumático, cuadro característico de las víctimas de graves ataques a la integridad física o psíquica de una persona.

La diferencia en los casos de *mobbing* radica en que, así como las víctimas de todas esas situaciones experimentan un único suceso traumático aislado que no se vuelve a dar más, las víctimas del *mobbing* suelen vivir ataques frecuentes y repetidos bajo forma de amenazas, burlas, calumnias, críticas y acusaciones, que les dejan la sensación de «estar siempre a tiro» del acosador y de no tener vía de escape, salvo la salida siempre más perjudicial: abandonar el trabajo.

Es importante advertir que la manifestación de los síntomas del síndrome de estrés postraumático no siempre ha de darse al mismo tiempo que la situación de *mobbing*, pudiéndose desarrollar tras algunos meses o incluso años. En estos casos se habla de una aparición demorada del síndrome.

El trabajador, al registrar en su memoria el hostigamiento padecido, vuelve a revivirlo una y otra vez a través de pensamientos, imágenes y emociones, especialmente en el momento del sueño, cuando todo lo que se ha reprimido en el inconsciente por resultar doloroso entra de nuevo en la esfera de la actividad cognitiva. La situación de estrés crónico es para las víctimas de *mobbing* la consecuencia de vivir bajo la continua amenaza por la pérdida del propio trabajo, la destrucción de su carrera profesional, la merma en su salud, la pérdida del sustento económico y el deterioro de la relación de pareja. El tiempo que se tarda en salir de un síndrome de estrés postraumático puede variar de dos a cuatro años, con el tratamiento y la ayuda especializados.

El síndrome de estrés postraumático hace que las víctimas de *mobbing* desarrollen una sensación de peligro inminente, inquietud, nerviosismo, un tipo de ansiedad pervasiva con la sensación permanente de que algo terrible va a ocurrir de manera inmediata. Con ello, la persona desarrolla una hiperreacción ante todo estímulo ambiental, ante la luz, ante una puerta que se cierra de repente. El síndrome de estrés postraumático genera una tremenda irritabilidad que se proyecta de manera inmediata hacia la familia de la víctima. Esta irritabilidad afecta ante todo a las relaciones de pareja.

Asimismo, el síndrome de estrés postraumático provoca la hipervigilancia de la víctima. La hipervigilancia cursa con una desconfianza y suspicacia persistentes que pueden llegar a ser confundidas, como ya se ha visto, con trastornos paranoides.

¿Cómo se puede saber si se ha desarrollado un síndrome de estrés postraumático?

Ya hemos comentado que la manifestación de los síntomas del síndrome de estrés postraumático no tiene por qué darse al mismo tiempo que la situación de *mobbing*, y puede desarrollarse con posterioridad. Este hecho suele despistar mucho a las personas que lo padecen y frecuentemente explican una diagnosis deficiente o incompleta por parte del profesional que trata a la víctima.

El trabajador que padece acoso psicológico «graba» en su memoria las agresiones y humillaciones padecidas y vuelve a revivirlas una y otra vez.

Entre los síntomas nucleares de dicho síndrome encontramos los siguientes:

1. *Vivencia continua de amenaza.* La situación de estrés prolongado (crónico) es efecto de una amenaza continuada consistente en:

- La pérdida de su trabajo.
- La ruina de su carrera profesional.
- La pérdida de su propia salud.
- La pérdida del sustento económico.
- La pérdida de la relación matrimonial.
- La pérdida de la propia familia.

2. *Depresión reactiva.* Se trata de una depresión que tiene su origen en las agresiones externas. La depresión lleva a la víctima a frecuentes pensamientos suicidas, intentos de suicidio o incluso al suicidio consumado. Los médicos evalúan a menudo de manera incorrecta la depresión del paciente. En estos casos la depresión existe, pero es el efecto de un tipo de agresiones externas frente a las cuales la víctima desarrolla indefensión.

3. *Inconsciencia o ingenuidad.* La víctima de *mobbing* no suele ser consciente del problema hasta que es dema-

siado tarde. Si en algún momento toma conciencia del mismo (lo que suele ocurrir al darse cuenta de la injusticia de las críticas que se dirigen a su trabajo), no suele admitir fácilmente que la fuente de sus males se encuentra en un tipo de persona que la acosa malintencionadamente, y que difícilmente puede ser considerada como una persona «normal». Suele ser reticente a admitir que el agresor posee una moral o una personalidad enfermizas. La víctima se encuentra aturdida, desconcertada, confusa y, finalmente, aterrorizada.

4. *Invasión de visualizaciones recurrentes.* La víctima del acoso experimenta de manera regular la invasión de visualizaciones y recuerdos de las violencias padecidas. Se producen en forma de conversaciones, reuniones, llamadas, que se rememoran de manera intensa. Las víctimas suelen encontrarse soñando despiertas, visualizando estas escenas una y otra vez.

5. *Vivencia de terror.* Se desencadena miedo, terror, ansiedad crónica e incluso ataques de pánico como consecuencia de cualquier asociación consciente o inconsciente con las condiciones del acoso (recepción de cartas del acosador, llamadas del departamento de recursos humanos, convocatoria a reuniones en la empresa, celebración de un juicio, etc.). Se producen ataques de pánico, palpitaciones, temblores, sudoración, escalofríos. La víctima evita de modo constante decir o hacer cualquier cosa que le recuerde el horror de ser acosado. Llega a no querer hablar del tema con nadie, ni siquiera con sus familiares o su psicoterapeuta.

6. *Deterioro y embotamiento intelectual y pérdidas de memoria.* Deterioro de la capacidad de pensar claramente, fallos en la memoria con la incapacidad para recordar detalles que previamente no revestían dificultad para la víctima. Resulta afectada en especial la memoria a corto plazo. No recuerda dónde aparcó el automóvil, dónde archivó unos documentos, el argumento de un artículo de periódico o de un libro que ha leído recientemente...

7. *Pérdida de la capacidad de concentración.* La capacidad de concentración se ve afectada de tal manera que impide a la víctima preparar de modo efectivo su defensa legal, estudiar, trabajar o incluso ponerse a buscar otro trabajo. Suele afectar en especial a su capacidad de recordar los acontecimientos, fechas, etc., del acoso, elementos esenciales para una defensa legal.

8. *Focalización y obsesión.* Focalización de la víctima en el acoso psicológico padecido y obsesión por él, con exclusión y eclipsamiento de todas las demás esferas vitales de su persona. El acoso pasa a ser el tema en torno al cual gira toda su vida. Todas las demás áreas de interés que la víctima tenía anteriormente pasan a un segundo plano.

9. *Aislamiento social y profesional.* Aislamiento, retirada e introversión. La víctima prefiere estar a solas y evita el contacto social. Las situaciones sociales, incluidas las que tienen lugar en el propio trabajo, le resultan penosas por tener que «aguantar el tipo» y no poder contener muchas de las manifestaciones de la depresión o la ansiedad.

Para muchas víctimas, la vida social se termina, y con ella toda posibilidad de volver a establecer lazos y relaciones que les sirvan para volver a trabajar. La abrumadora necesidad humana de ganarse la vida, combinada con la incapacidad psicológica y física de trabajar, hacen aún más profundo el trauma de la víctima.

10. *Incapacidad o dificultades para obtener placer o experimentar alegría.* No puede disfrutar de las cosas o situaciones de las que antes del *mobbing* disfrutaba.

11. *Insensibilidad o despersonalización.* Amortiguamiento de la afectividad hacia otras personas o despersonalización en las relaciones.

12. *Abandono profesional.* Tendencia a huir o abandonar prematuramente la profesión. Melancolía y sensación de pérdida de sus posibilidades laborales. Muchas víctimas abandonan prematuramente sus puestos de trabajo y carreras profesionales o solicitan la jubilación anticipada porque sienten que no pueden más.

Los daños psicológicos, la salud deteriorada, la negativa del acosador y, a veces, de la empresa a dar buenos informes de su persona, así como otras muchas causas, contribuyen a que la víctima renuncie y abandone su profesión, incluso definitivamente.

13. *Insomnio.* Si consigue dormir, el sueño no es reparador. Al levantarse, la víctima se encuentra, según sus palabras, «más cansada que al acostarse». Los sentimientos depresivos empeoran por las mañanas, con la sensación de

la víctima de que «la jornada se echa encima como algo insoportable».

14. *Irritabilidad y sensibilidad a la crítica.* La víctima está permanentemente irritada y «explota» por lo más nimio, especialmente ante estímulos o acontecimientos irrelevantes. La víctima percibe de manera inconsciente y exagerada cualquier comentario como una crítica hacia ella. Ello se explica por el «escozor» o deterioro emocional que le producen los ataques reiterados, injustificados y malintencionados del acosador.

15. *Hipervigilancia.* La víctima se encuentra en permanente situación de evitación, lucha o escape, con lo que su psiquismo funciona como un radar, en alerta permanente al menor estímulo ambiental que pueda resultar nocivo o amenazador. La repetición de amenazas, ataques, calumnias, acusaciones, denostaciones y burlas dispara la actitud de defensa de las víctimas. Los contactos más triviales o neutrales son vividos como amenazantes. Puede parecer paranoia, pues la persona eleva todo tipo de barreras defensivas y se vuelve hipersusceptible a todo.

¿POR QUÉ LA VÍCTIMA DE *MOBBING* SE DESPIERTA
FÁCILMENTE Y NO TIENE UN SUEÑO REPARADOR?

Ya hemos indicado cómo el síndrome de estrés postraumático genera un tipo de insomnio que se caracteriza por un despertar temprano, con visualizaciones que hacen que la víctima reviva con realismo la situación de hostigamiento.

Es como si estuviera pasando una y otra vez la película de las agresiones que padece en el trabajo de una manera vívida.

El terror por revivir estas escenas en el sueño es el que hace que las víctimas desarrollen este tipo de insomnio tardío, esto es la incapacidad de volver a dormirse por el terror que les supone.

La ansiedad generalizada, daño frecuente de las víctimas de *mobbing*, desencadena a menudo un insomnio que dificulta el descanso. Es necesario señalar que la situación de acoso hace que las personas, abocadas a la ruina económica, a la pérdida de su salud, de su familia, de sus carreras profesionales, le den vueltas una y otra vez a su problema, cavilaciones que, en el momento de dormir, impiden conciliar el sueño.

El insomnio, muy habitual en las víctimas de *mobbing*, hace que éstas, cuando vuelven al trabajo al día siguiente, estén exhaustas y con poca concentración para desempeñar su trabajo. Con ello se incrementa la probabilidad de cometer errores o de que se produzcan olvidos.

Así, una secuela del hostigamiento como es el insomnio contribuye a la estigmatización del trabajador y a dar argumentos a los hostigadores para presentar a la víctima como verdaderamente responsable de lo que le ocurre.

El insomnio también genera irritabilidad y mal humor en la víctima, que ve incrementada la probabilidad de incidentes críticos negativos (broncas, conflictos, etc.) que serán después utilizados contra ella en la campaña de acoso. Por otro lado, la falta de descanso expone al trabajador a un mayor riesgo de accidentes.

¿Por qué la persona que padece *mobbing* está siempre «nerviosa» y se siente al borde o al límite?

Se trata de uno de los daños más habituales del *mobbing*: el trastorno de ansiedad generalizada. En las víctimas se instala un tipo de ansiedad generalizada y persistente que no existía con anterioridad al acoso. Esta angustia flotante no depende de la situación de hostigamiento y se instala de manera permanente, haciéndole perder la salud psicológica a la víctima.

Así, se siente todo el tiempo «atacada», «nerviosa», «inquieta». La persona se queja de temblores, tensión muscular, sudores, mareos, vértigo y molestias gástricas variadas. Esta ansiedad permanente cursa junto a ideas hipocondríacas, miedo a padecer accidentes o a sufrir daños, o a caer enferma.

La sensación de «estar al límite» o «al borde de un ataque de nervios» es muy habitual, reduciendo en mucho el desempeño laboral y afectando decisivamente a la vida social y familiar de la víctima.

La tensión muscular suele producir cefaleas, molestias y dolores musculares, calambres y temblores. Este tipo de daño suele llevar a la persona a una hiperactividad e inquietud psicomotora continua.

La ansiedad generalizada se presenta junto a un desarrollo de la actividad vegetativa. Son frecuentes los ahogos, palpitaciones, sudores, manos frías, sequedad en la boca, mareos, embotamiento, escalofríos, diarreas, nudo en la garganta, etc. También se presentan en el trastorno de ansiedad generalizada agitación, preocupaciones excesivas, intranquilidad, alarma, dificultades para concentrarse, dificultad para dormirse o mantener el sueño e irritabilidad.

¿SE PUEDEN DESARROLLAR ATAQUES DE PÁNICO COMO EFECTO DEL ACOSO PSICOLÓGICO?

Es muy frecuente que las personas que sufren *mobbing* padezcan episodios de pánico.

Lo que más caracteriza a estos episodios de pánico es la terrible sensación de muerte inminente. Las crisis o ataques de pánico no tienen por qué desencadenarse en el momento del hostigamiento psicológico sino que pueden desarrollarse fuera del ámbito laboral. Los síntomas predominantes que suelen presentarse en una crisis de pánico son palpitaciones repentinas, dolor precordial, sensación de no poder respirar, mareos, vértigos, sensación de irrealidad y despersonalización. Estos síntomas se ven acompañados de la sensación de muerte inminente, temor a perder el control o a enloquecer.

La experiencia de una crisis de pánico es siempre terrible y traumática para la víctima que, de manera habitual, termina en las urgencias hospitalarias, pensando que le está dando un ataque o que se muere.

El miedo y las alteraciones vegetativas (taquicardia, sudoración, etc.) van creciendo, haciendo que la persona necesite salir de donde está o escapar. La realimentación del miedo y de la ansiedad hace que la intensidad de los síntomas crezca, haciendo que el temor aumente. Esto explica que, tras un ataque de pánico, la persona tema sufrir otro semejante, desarrollando el conocido fenómeno del miedo al miedo.

Las crisis de pánico suelen durar unos minutos, pero en ocasiones pueden durar más tiempo. Las crisis de pánico figuran entre las secuelas que producen mayor sufrimiento en las víctimas de acoso psicológico laboral. Producen enormes interferencias en la vida social haciendo aparecer a la víctima de *mobbing* como un verdadero «enfermo mental», lo que contribuye de manera significativa a su estigmatización en el ámbito laboral.

¿Por qué la víctima de *mobbing* suele desarrollar enfermedades físicas que antes no padecía?

No es infrecuente que la intensidad y el mantenimiento en el tiempo de un cuadro de hostigamiento produzcan daños en la salud física. Hablamos de enfermedades que reciben el nombre de psicosomáticas, debido a que su manifestación somática obedece a una causa psicológica. El mecanismo que desencadena la somatización resulta claro. Un conflicto psíquico o una situación de estrés mantenido en el tiempo produce una determinada energía «psíquica» que genera un potencial. El mantenimiento de este potencial de manera activa en el tiempo, si no es adecuadamente canalizado, va minando y alterando el correcto funcionamiento del organismo.

La capacidad simbólica del cerebro hace que ese potencial de energía se fije en aquellas estructuras orgánicas que guardan una relación simbólica con algún aspecto del conflicto. El sistema mente-cuerpo de la persona acosada expresa o «grita» el conflicto mediante una materialización en síntomas clínicos o en una enfermedad específica.

La psicosomática del *mobbing* es muy habitual en la medida en que numerosos casos perduran en el tiempo, dando lugar a que el potencial negativo generado por el acoso pueda transformarse en síntomas. Los trastornos psicosomáticos más frecuentemente asociados al *mobbing* figuran en el siguiente cuadro procedente del barómetro Cisneros:

Dolores de espalda	63 %
Irritabilidad	54 %
Bajo estado de ánimo, depresividad	48 %
Dolores de cabeza	48 %
Dificultad para dormirse	47 %
Dificultades de concentración	43 %
Sentimiento de inseguridad	35 %
Llanto, ganas de llorar	35 %
Agresividad	33 %
Problemas de memoria	32 %
Dolores de estómago	28 %
Fatiga crónica	26 %
Palpitaciones	24 %
Pesadillas	24 %

Es muy frecuente que el desgaste emocional tenga efectos sobre el sistema inmunitario, haciendo que la persona sea más vulnerable a las infecciones o a determinados trastornos.

¿Por qué la persona que sufre *mobbing* suele estar triste, deprimida, abatida y llora frecuentemente?

La depresión es una alteración o trastorno patológico del estado de ánimo.

Es necesario no confundir un trastorno como es la depresión con los momentos de tristeza habituales o esperables en la vida, las reacciones normales ante la pérdida de seres queridos o acontecimientos negativos, etc.

La persona que padece el hostigamiento continuado puede entrar en una espiral de distimia, apatía y pesimismo existencial en que el estado de ánimo habitual es la tristeza, el llanto, la desesperanza. Al no saber las víctimas de *mobbing* qué se puede hacer para afrontar o superar la situación de acoso psicológico se produce indefensión. La indefensión que la persona desarrolla procede de la brutalidad, irracionalidad e ininteligibilidad que la víctima percibe en los ataques. Resulta absolutamente imprescindible identificar, primero, y eliminar, después, la indefensión, debido a que ésta es responsable de la depresión reactiva que suelen desarrollar buena parte de las personas que padecen *mobbing*.

La indefensión constituye todo un fracaso de la persona en el proceso de comprender, controlar o dominar el efecto que sus comportamientos producen en el entorno. La persona siente que lo que le ocurre obedece a fuerzas sobre las que no tiene control, por lo que desarrolla una fatal expectativa que consiste en pensar que toda respuesta individual ante ellas es ineficaz. La víctima termina así pensando que no puede hacer nada frente al acoso psicológico que padece. Queda de este modo paralizada y a merced de los acosadores, que no ven en ello sino un menor peligro y, de este modo, una mayor impunidad para sus actos. La paralización que procede de la indefensión no sólo no mejora el acoso, sino que incrementa su incidencia y su frecuencia, una vez que los agresores se saben fuera del peligro que supondría para ellos un correcto afrontamiento y la respuesta efectiva por parte de la víctima.

El aprendizaje de la indefensión suele conllevar un correlato cognitivo más perjudicial si cabe: el pesimismo. Con el pesimismo la víctima penetra en una espiral de malos pronósticos que la van a conducir a malos resultados que, a su vez, le confirmarán la validez de sus malos pronósticos. El pesimismo de las víctimas de *mobbing* se concreta en pobres o muy negativas expectativas hacia su futuro profesional y personal, sentimientos de culpa o de haberlo hecho todo muy mal y una actitud muy sombría acerca de lo que puede esperar de los demás en general.

El tratamiento a aplicar en los casos de víctimas que desarrollan cuadros depresivos supone cuestionar siempre con prioridad los pensamientos negativos de las víctimas, también denominados «pensamientos tóxicos», y ayudarla a enfrentar la situación rompiendo la indefensión.

Los pensamientos tóxicos más frecuentemente desarrollados por las personas deprimidas por el *mobbing* son:

- No puedo hacer nada.
- Esto me supera.
- Jamás me recuperaré.
- Todos me odian.
- Nadie me apoya.
- Voy a peor.

Frente a la depresión que genera el *mobbing* es necesario un tratamiento especializado dirigido por especialistas.

Suelen ser factores de resistencia a la depresión generada por el *mobbing*:

- La construcción de un pensamiento racional (no tóxico) que evite las distorsiones que produce la distimia.
- La generación de una autoestima sólida no basada en la opinión que tengan los demás de la persona.
- El conocimiento y la aceptación de las propias cualidades positivas y valores.
- El conocimiento y la aceptación incondicional de las propias limitaciones, debilidades y errores.
- El reconocimiento de que no siempre las cosas salen bien o como uno desea (tolerancia a la frustración).
- La aceptación del dolor que genera el acoso.
- La conexión con los propios sentimientos y su verbalización.

¿POR QUÉ LA VÍCTIMA DE *MOBBING* YA NO DISFRUTA DE LAS COSAS QUE ANTES LE GUSTABA HACER Y PARECE HABERSE VUELTO INSENSIBLE A LAS PERSONAS?

Es muy frecuente que la persona sienta que le han privado de su capacidad de disfrutar de aquellas cosas que antes le gustaban. Se trata de un fenómeno común a los cuadros de estrés postraumático: la anestesia emocional y la dificultad de experimentar placer. Por otro lado, puede darse una reacción de daño que consiste en la frialdad o insensibilidad ante el sufrimiento o los problemas ajenos.

Ya se ha visto que esta característica, común a los casos de *mobbing* y *burnout,* hace que muchas personas puedan confundir los efectos del *mobbing* con el síndrome de quemado o *burnout*.

La reacción de la persona sometida una y otra vez al hostigamiento es la de ir blindándose emocionalmente hasta el extremo de que las cosas parecen resbalarle. La anestesia emocional está producida por la continuidad del hostigamiento y la necesidad de supervivencia psicológica a base de «ir haciendo callo» de las interacciones aversivas y de las acusaciones que se reciben. Esta reacción se concreta en una especie de distanciamiento emocional hacia las demás personas, incluida la propia familia.

Esta especie de frialdad ante los problemas o el sufrimiento de los demás es una reacción defensiva característica de un organismo acostumbrado al hostigamiento psicológico. A base de repetición y continuidad, el sufrimiento se termina banalizando y deja de afectar a la víctima, que carece ya de resonancia emocional.

¿Por qué el *mobbing* produce irritabilidad en la persona que lo sufre?

La irritabilidad es una de las primeras manifestaciones o secuelas psicológicas que aparecen en las víctimas de *mobbing*. Es común a varios de los trastornos psicológicos que puede generar el acoso. Procede de la sistemática persecución y consiguiente frustración de la víctima.

La frustración y el cansancio emocional por la atención extraordinaria que necesita movilizar una víctima hipervigilante generan irritabilidad y agresividad. Estos subproductos del *mobbing* tienden a manifestarse sobre todo en el ámbito familiar. En numerosos casos, el *mobbing* está en el origen de situaciones de maltrato doméstico. Muchos trabajadores suelen pagar en casa, con sus familias, lo que se les hace en el ámbito laboral. Aunque ello no justifica ese tipo de agresiones domésticas, más que nunca injustas y perversas, es necesario establecer cómo una de las formas de atajar el problema del maltrato doméstico pasa indudablemente por prevenir el maltrato psicológico laboral. En la experiencia terapéutica con las víctimas de acoso psicológico aparecen frecuentemente casos de maltrato doméstico subsecuentes al *mobbing*. Las personas más vulnerables del núcleo familiar (mujeres y niños) padecen los daños colaterales que genera el *mobbing* y son verdaderas víctimas secundarias.

La irritabilidad es también un problema importante para la víctima, que va a producirle interferencias importantes en el ámbito laboral.

No es extraño que la persona se muestre disgustada, huraña, dolida y que reaccione exageradamente a los estímulos. En especial, se suele verificar una enorme reactividad que la persona no suele ser capaz de controlar en lo que se refiere a las críticas. Recordemos que los hostigadores suelen aprovechar cualquier cosa y cualquier resquicio que deje el desempeño de la víctima para tratar de desestabilizarla.

La hipersensibilidad a la crítica que padecen las víctimas suele ser un daño más del *mobbing* y no debe evaluarse como parte de una estructura o factor de personalidad previo de las víctimas que las predispone a padecer el problema. Esta irritabilidad forma parte de la reacción inconsciente de un trabajador sometido a acoso psicológico. Suele generar problemas de relación con otros compañeros, otros jefes, clientes, etc., inicialmente neutrales, y que pronto van a estar debidamente «enconados» o polarizados en contra de la víctima, a la que van a percibir como «desajustada», «alterada» o «fuera de sí», y a la que van a contribuir a estigmatizar, dando la razón a los acosadores. Así se opera el doble proceso de victimización característico del *mobbing*. Por ello resulta esencial la desactivación emocional, en especial la desactivación de la irritabilidad de la víctima como primera estrategia frente al acoso.

¿POR QUÉ LA VÍCTIMA DE *MOBBING* NO LOGRA DESCANSAR Y SE ENCUENTRA SIEMPRE AGOTADA Y EXHAUSTA?

Los que tratamos a las víctimas de acoso psicológico hemos advertido, de forma cada vez más creciente, cómo muchas de ellas, en especial las mujeres, desarrollan al cabo de un cierto tiempo de hostigamiento psicológico el conocido síndrome de fatiga crónica.

En nuestra experiencia cabe, por lo tanto, situar el *mobbing* como una más de las posibles causas de la generación de un síndrome de fatiga crónica.

Los síntomas se presentan bajo una serie de dolencias dispares e inespecíficas, que tienen como núcleo una sensación de fatiga o un cansancio enormes que no desaparecen con el descanso y que llegan a interferir e incluso anular la vida laboral de quienes padecen el síndrome. En numerosos casos el síndrome de fatiga crónica cursa con dolores musculares y articulares. Ello explica que también se denomine como fibromialgia.

Se sabe que el síndrome de fatiga crónica afecta especialmente al grupo de mujeres entre veinte y cincuenta años con profesiones liberales y posiciones intermedias o directivas. Por ello se ha denominado también, de manera informal, la «gripe del *yuppie*». La aparición de este síndrome se produce según los expertos después de una situación de estrés continuado, vivida en la organización en la que el afectado desempeña su actividad laboral.

El Centro de Control de Enfermedades de Atlanta ha establecido los criterios para poder diagnosticar que un paciente padece un síndrome de fatiga crónica:

1. Presencia de fatiga crónica durante seis meses o más.
2. Exclusión de otras causas físicas o psíquicas (enfermedades latentes, depresión, etc.).
3. Cansancio que no desaparece con el descanso.
4. Presencia de al menos cuatro de los siguientes síntomas:
   - pérdida de memoria y concentración;
   - dolores musculares;
   - dolores en las articulaciones;
   - inflamación en la garganta (faringitis);
   - inflamación de los nódulos linfáticos en nuca y axilas;
   - cefaleas de un tipo distinto de las experimentadas previamente por el paciente;
   - malestar y agotamiento más de un día después de un esfuerzo.

A estos síntomas pueden añadirse otros que son habituales en quienes padecen el síndrome, como:

- Baja presión sanguínea.
- Fiebre moderada.
- Problemas de sueño.
- Mareos.
- Sequedad en boca y ojos.
- Congestión.
- Diarrea.
- Fluctuaciones en el peso.
- Vómitos.
- Alergias.
- Infecciones recurrentes (conjuntivitis, otitis, faringitis, etc.).

El hecho de que el síndrome de fatiga crónica suela presentarse junto a una sintomatología psíquica hace que en la mayoría de los casos no se diagnostique correctamente por parte de los médicos, que suelen atribuir los males del paciente a trastornos psicológicos como depresión, hipocondría, ansiedad, apnea del sueño u otros.

Los pacientes diagnosticados con un síndrome de fatiga crónica suelen presentar los siguientes síntomas psíquicos:

- Cambios bruscos de humor.
- Tristeza.
- Ansiedad.
- Depresión.
- Ataques de pánico.

- Confusión.
- Desorientación.
- Trastornos de la visión y coordinación motriz.
- Trastornos del sueño.

La incidencia del síndrome de fatiga crónica es elevada entre las personas que han padecido un cuadro de *mobbing*. Según los barómetros Cisneros, uno de cada cuatro trabajadores que padecen *mobbing* refiere sintomatología compatible con el síndrome de fatiga crónica. Hay varios argumentos que apuntan a que el *mobbing* es una de las causas directas de dicho síndrome. Entre los argumentos más convincentes están los siguientes:

- Las dificultades de los investigadores en establecer una causa médica de tipo bioquímico del síndrome de fatiga crónica. Se han descartado las siguientes hipótesis explicativas: la incidencia del virus Epstein-Barr, un citomegalovirus, la infección por Candida, anomalías cerebrales, deficiencias de cortisol, hiperactivación inmunológica, niveles anormales de neurotransmisores, etc.
- La concomitancia con una sintomatología psíquica «gemela» de la que acaece a las víctimas del acoso psicológico. Resulta que los síntomas psicológicos relatados por los afectados por *mobbing* son idénticos a los que presentan los afectados por el síndrome de fatiga crónica.
- La elevada incidencia epidemiológica del síndrome de fatiga crónica en los grupos profesionales que, según todos los estudios disponibles, resultan especial-

mente afectados por el acoso psicológico en el trabajo. En este sentido, ser mujer, profesional, ser de mediana edad, tener una carrera profesional ascendente y brillante, etc., incrementa las posibilidades de padecer ambos cuadros: síndrome de fatiga crónica y acoso psicológico en el trabajo.
- La creciente evidencia en la investigación científica de que el cerebro humano puede desregular sistemas biológicos del organismo como efecto de vivencias psicológicas traumáticas, como estrés, angustia, etcétera. En ese sentido, está cada vez más claramente establecido por la investigación médica que la mente tiene un inmenso poder sobre la parte biológica del organismo humano.
- La observación de la psicología dinámica de cómo buena parte de las enfermedades físicas no son sino la expresión orgánica y simbólica de un conflicto emocional psicológico del que la persona no es consciente y que no ha podido resolver, somatizándolo. El cuerpo «hablaría», así, a través de sus enfermedades.
- La fatiga crónica sería el correlato simbólico del agotamiento emocional que han producido los reiterados ataques en las víctimas de *mobbing* y su necesidad continuada de estar a la defensiva.
- Los dolores musculares propios de la fibromialgia serían los efectos físicos de los «golpes psicológicos» somatizados por el cerebro procedentes de las «palizas psicológicas» que reciben las víctimas de *mobbing*.

En nuestra opinión, la causa directa de la fatiga física que el síndrome de fatiga crónica supone radica en el agotamiento energético de las personas que, sometidas a diario a un hostigamiento reiterativo y obligadas a un continuo esfuerzo para defenderse de los ataques o prevenirlos a través de la hipervigilancia, terminan agotando los depósitos energéticos que sus células poseen.

Ello explicaría el porqué del nacimiento de dolores musculares inexplicables (fibromialgia) y del establecimiento de un tipo de cansancio (fatiga) que no desaparece con el descanso y que puede mantenerse durante mucho tiempo, años después de la situación de acoso psicológico, incluso en un trabajo y en una organización posteriores al *mobbing*.

5
Cómo hacer frente al proceso de culpabilización

> Si he faltado en el hablar, declara en qué está la falta; pero, si he hablado como se debe, ¿por qué me pegas?
> Evangelio según San Juan 18, 23-24.

¿POR QUÉ TARDAN LAS VÍCTIMAS DE *MOBBING* EN CAER EN LA CUENTA DE LO QUE OCURRE?

Debido a la naturaleza psicopática de los agresores y a la manipulación continuada y silenciosa de las víctimas, éstas suelen pasar largos períodos de hostigamiento en el trabajo sin caer en la cuenta de lo que ocurre.

Algunos estudios cifran entre quince y dieciocho meses el promedio de tiempo que tarda un trabajador en comprender que está siendo hostigado. En cualquier caso, resulta un período muy largo para que no se hayan instalado importantísimos daños y secuelas a nivel psíquico y físico.

En ocasiones las personas que resultan elegidas como objetivos presentan ciertos rasgos no confrontativos que les hacen no querer ver el mal en el otro, resistirse a evaluar lo que les ocurre como una agresión o racionalizar de forma extremada los daños que se les van generando.

Por otro lado, es frecuente que los procesos atributivos de la víctima, apoyados por el desconocimiento de los especialistas en salud laboral o salud mental, lleven a ésta a una incorrecta evaluación del problema como estrés laboral, problemas de relación, déficit de habilidades sociales, depresión, problemas de salud físicos, etc., distorsionando de este modo la percepción, y retrasando el proceso de toma de conciencia, que resulta crucial para la salida y la recuperación.

Es muy frecuente encontrar en el *mobbing* una reacción unánime, o casi unánime, del entorno laboral contra la víctima, propia del viejo y conocido fenómeno de chivo expiatorio. El enconamiento de un número importante de compañeros de trabajo, a veces llega hasta la unanimidad, contra una misma persona que, además, no entiende lo que le pasa, explica que los afectados terminen inculpándose, pensando que, en buena lógica y visto el número de personas que unánimemente los persiguen, algo muy malo han tenido que hacer. Piensan de este modo que la unanimidad persecutoria tiene origen en que su comportamiento no ha sido el correcto o el más adecuado en la organización.

Es necesario que las personas que padecen el problema del acoso psicológico en el trabajo lo identifiquen cuanto antes. La experiencia en el tratamiento psicológico de las víctimas nos indica que el pronóstico es mejor cuanto antes caiga la víctima en la cuenta de lo que le ocurre y se libere de la culpabilidad, haciendo frente a la situación con decisión.

¿Es el *mobbing* un problema de mera simulación oportunista de las víctimas?

La mayor parte de las víctimas de *mobbing* pasan importantes períodos de tiempo sin saber lo que les ocurre.

Como ya se ha visto atribuyen el problema a otras causas y por ello suelen somatizar más que verbalizar el problema que padecen.

La evidencia indica que si existe un problema en relación al *mobbing* es más el de su desconocimiento que el de su simulación por falsas víctimas.

Ello no es obstáculo para que, como en todos los órdenes de la vida, también en relación al *mobbing* se haya pensado por parte de algunos oportunistas que «a río revuelto, ganancia de pescadores». No olvidemos que algunos abogados poco escrupulosos pueden haber pretendido hacer su particular agosto, denunciando «siempre y por defecto» ante un despido cualquiera una situación de *mobbing*. Estos comportamientos poco profesionales, y aún menos éticos, hacen mucho daño a las verdaderas víctimas de *mobbing* que, además, no son pocas.

Sobre la simulación en el *mobbing* ha habido muy poca seriedad y aún menos rigor científico. Las posiciones en esta materia en algunos casos son exageradas, inadecuadas y fruto del desconocimiento del problema. En cualquier caso resulta sospechoso que algunos profesionales se signifiquen por una extraordinaria sensibilidad al problema del «falso culpable» (el acosador falsamente acusado) y sean, por el contrario, insensibles ante las espeluznantes cifras de más de dieciséis millones de europeos y más de dos millones de trabajadores en España, víctimas de *mobbing*, es decir, «el verdadero inocente».

¿Cómo suelen interpretar las víctimas de *mobbing* lo que les está ocurriendo?

Desgraciadamente los trabajadores que pasan por el acoso psicológico en el trabajo no se explican en absoluto lo que les ocurre hasta que es demasiado tarde para ellos. Cuando llegan a dar alguna explicación, ésta consiste, muy frecuentemente, en una versión, llena de mala conciencia, sobre cómo sus comportamientos, actuaciones, actitudes o hasta pensamientos no han sido los adecuados.

Toda vez que el *mobbing* es una agresión que amenaza la estabilidad y la integridad psicológica, la persona desarrolla una serie de mecanismos de defensa que no son sino intentos desesperados de mantener el Yo a flote, en medio de una situación que amenaza su equilibrio mental. Los mecanismos psicológicos de defensa son mecanismos reflejos desencadenados por la víctima para evitar los daños sobre ella y preservar su identidad e integridad psicológica. Los mecanismos que suelen desencadenarse más frecuentemente entre las víctimas del *mobbing* suelen ser los siguientes:

- La negación del acoso.
- La disonancia cognitiva.
- La racionalización del problema.
- La agresión contra el acosador o contra sus cómplices o cooperadores necesarios.
- La introyección de las acusaciones del acosador.
- La identificación y la sumisión al acosador.
- La ilusión o esperanza inconsciente.
- La somatización.

Todos estos mecanismos tienen en común que suponen intentos fallidos o ineficaces de la víctima por establecer el equilibrio psíquico. El efecto de estos mecanismos de supervivencia psicológica es obtener un precario o falso equilibrio, en el que partes importantes de la realidad son mal aceptadas, veladas, escondidas o reprimidas, de manera que el problema sigue intacto, queda mal digerido desde el punto de vista psicológico.

Al desplegar sus mecanismos de defensa, la víctima reacciona de manera inconsciente e ineficaz al problema del acoso psicológico. Así, el problema escapa a un control consciente de la conducta, reduciéndose las posibilidades de que la persona elabore una respuesta adecuada a la situación de *mobbing*. La víctima debe proceder cuanto antes a liberarse del condicionamiento del esquema acción-reacción, utilizando inteligentemente sus recursos intelectuales y emocionales, movilizándolos y orientándolos a dar una respuesta adecuada que incremente su bienestar y su salud física y emocional. Al responder de manera activa, en lugar de seguir reaccionando, comienza a caer en la cuenta de lo inadecuado de algunas formas de hacer frente a las perturbaciones y agresiones que padece. Así es como la víctima deberá iniciar una paciente labor de artificiero emocional de sí misma, con la que ir desactivándose e inhabilitando la serie de tics y reacciones automáticas incorrectas que ha ido aprendiendo a emitir a lo largo de la historia del acoso psicológico.

La mejor manera de comprender la labor de desactivación emocional y dejar, así, de reaccionar pasa por tomar conciencia o darse cuenta de las modalidades de sus reacciones habituales ante el acoso.

El simple «caer en la cuenta» de cuándo y cómo se producen sus reacciones ante el comportamiento acosador obra enormes efectos y es la forma primordial que tiene la víctima de quebrar el círculo vicioso en el que permanece anclada. La salud psicológica no puede ser ceguera, y menos aún negación o distorsión de la realidad. Todos los enfoques terapéuticos coinciden en señalar que la salud psíquica consiste esencialmente en un sólido anclaje en la realidad y no en la evasión o distorsión de ésta. De ahí que es fundamental que las víctimas entiendan cómo operan estos mecanismos.

La interpretación errónea o evasiva de lo que les ocurre es un problema grave, efecto de la gravedad de las agresiones que reciben las víctimas de *mobbing* y de los mecanismos de defensa que ponen en pie para defender su integridad psicológica. Estas teorías o interpretaciones deben ser objeto de cuestionamiento por parte de las víctimas. A ello puede contribuir decisivamente un terapeuta debidamente formado en este problema.

1. *La minusvaloración defensiva.* Devaluar o minimizar la intensidad y las repercusiones del acoso psicológico en el trabajo es una modalidad de negación en la que la víctima resta importancia o gravedad a las agresiones que recibe:

«No es para tanto.»
«No es tan grave.»
«No hay que ser tan puntilloso...»
«No es el fin del mundo...»
«No hay que ponerse paranoico...»

«No debo ser tan hipersensible...»
«Debo curtirme con estas cosas...»
«Ya soy adulto...»
«No es tan terrible...»

2. *La disonancia cognitiva.* Lo repentino de los ataques, su irracionalidad, su falta de justificación, su perversidad y su virulencia aumentan la disonancia de las víctimas. El hecho de que la víctima suela estar bien capacitada a nivel profesional, haya sido bien evaluada anteriormente o tenga una elevada opinión ética y profesional de su acosador explica su tendencia a reducir la disonancia cognitiva generada minimizando, trivializando o banalizando las agresiones que recibe, reduciéndose así la probabilidad de dar respuesta a ellas.

Una salida aún más lesiva a la disonancia consiste en que las víctimas, frecuentemente, se atribuyen a sí mismas ser la causa del acoso, desarrollando un sentimiento de culpa y de merecimiento del castigo que las deja paralizadas y a merced de los ataques. La interpretación en este caso es que «son culpables por alguna razón».

3. *La racionalización.* La víctima intenta explicarse lo que ocurre buscando «falsas razones» para justificar el *mobbing*. La agresión y el agresor resultan tener causas racionales o explicación lógica:

«Tiene que haber alguna explicación para lo que me ocurre.»
«Sus razones tendrá [el acosador].»

Las víctimas pueden elaborar toda una serie de «teorías» explicativas acerca de por qué les pasa lo que les pasa, a las que luego se aferran para poder encontrar un sentido a las agresiones que reciben:

«Esto va en el sueldo.»
«Es así como funciona esto.»
«Todo trabajo tiene sus problemas...»
«Se trata de una mala racha...»
«Esto no es más que estrés...»
«Se trata de una "personalidad fuerte"...»
«Hace su trabajo, y nada más...»
«Le pagan para eso...»
«No tiene elección...»
«Tiene problemas personales.»

Todas las racionalizaciones son un intento de explicar como correcto o lógico el comportamiento patológico del acosador.

Lo que ocurre, sencillamente, es que a las víctimas no les cabe en la cabeza el comportamiento de los acosadores y necesitan desesperadamente atribuir un significado a un comportamiento errático y que no comprenden y para el que no existe justa causa. Un paso más en la racionalización es la intelectualización del problema. Ésta lleva a la persona a fabular complejos entramados teóricos para satisfacer su absoluta necesidad de sentido.

No sólo algunas víctimas, sino también algunos «especialistas» en *mobbing*, son capaces de explicar un problema complejo como es el acoso psicológico por razón exclusiva de:

- La competitividad entre personas y empresas.
- Los efectos de la globalización.
- Los nuevos estilos de *management* (*micromanagement,* etc.).
- La exigencia y la presión por la rentabilidad empresarial.
- La idiosincrasia propia de la personalidad del acosador.
- Las necesidades de la empresa.
- Las malas «configuraciones astrales».
- La necesidad mística de «reparar errores o pecados».

Después de varios años de dedicación a la investigación y a la atención y asistencia a víctimas de *mobbing*, a uno no deja de estremecerle la enorme capacidad que tienen las situaciones de acoso en el trabajo de distorsionar gravemente el pensamiento de personas sensatas, con buen nivel cultural y formación superior. La intensidad de la distorsión funciona como un buen indicio del daño psicológico infligido a la víctima.

Las investigaciones europeas pioneras en materia de *mobbing* han tenido el enorme valor para las víctimas de ayudarlas a entender lo que ocurre realmente en el proceso de acoso psicológico. De esa comprensión hemos podido derivar el primero de los tratamientos psicológicos que consiste en explicar y convencer a las víctimas de su inocencia, dotando de significado a lo que les ha ocurrido. Con dicha comprensión, se saben inocentes de las imputaciones perversas de los acosadores que pretenden presentar el efecto que han logrado como causa.

Tal y como señaló magistralmente el profesor Leymann, pionero mundial en el estudio del *mobbing*:

... la categorización y la terminología apropiada ofrecen una nueva visión del *mobbing*.

Así como anteriormente agresores y espectadores podían ejercitar libremente su poder, arrogándose el derecho exclusivo a interpretar, explicar y explicitar la situación de las víctimas, hoy día se ofrece una alternativa a ellos.

Allí donde anteriormente los agresores podían afirmar que la situación derivaba del comportamiento de su víctima, ahora es posible demostrar que ésta solamente busca preservarse de la violencia que se ejerce contra ella.

Las afirmaciones procedentes de un entorno hostil, que pretendían presentar el resultado como una causa, ya no resisten ningún análisis.

Ésta es la ayuda más importante que nuestras investigaciones han aportado a las víctimas...

El *mobbing* y los mecanismos de defensa que genera distorsionan la interpretación correcta de las víctimas de lo que les ocurre.

Denominar el *mobbing* como tal supone la más temprana victoria que la víctima consigue, preludio de todas las demás.

«Llamar al *mobbing* por su nombre» significa proporcionar a la víctima una valoración ética imprescindible para la estrategia de supervivencia.

Identificar al agresor y a la víctima supone reconocer la existencia de una situación laboral injusta, injustificada e injustificable para la víctima.

La víctima sólo comienza a dar respuesta al *mobbing* cuando, reconociéndolo como tal, se reconoce inocen-

> te y se determina a no dejarse vencer ni destruir, sabiendo que nada puede justificar el que una persona padezca semejante aniquilamiento personal.

¿POR QUÉ LOS HOSTIGADORES NO SE RECONOCEN COMO TALES?

Los autores o instigadores de las agresiones propias del *mobbing* suelen presentar frecuentemente rasgos o incluso alteraciones o trastornos de la personalidad que fundamentan y explican su comportamiento destructivo.

Esto no les justifica, ni excluye en la mayoría de los casos el dolo con el que actúan contra sus víctimas. Sin embargo, explica que los hostigadores muy difícilmente se reconozcan como tales.

Normalmente, sus complejos de inferioridad o sus sentimientos profundos de inadecuación no resisten la presencia de otros compañeros o incluso subordinados más brillantes, mejor valorados o considerados por los demás.

Las reacciones de envidia suelen ser reacciones que les hacen sufrir interiormente y les dejan literalmente «destrozados». Manifiestan un *yo* deteriorado que no acepta la propia realidad ni la existencia de personas más brillantes o más felices a su alrededor, a las que intentan eliminar de la circulación.

La arrogancia o las terribles imputaciones que atribuyen a las víctimas a las que agreden no son sino la manifestación de un complejo de inferioridad que les hace sentirse profundamente inadecuados y les lleva a ver por todas partes a personas que pretenden rebajarles o perjudicarles.

Acabar con las personas felices, competentes, brillantes y satisfechas consigo mismas del propio entorno profesional hace creer ilusoriamente a los hostigadores que así son más fuertes que ellas. Dominándolas y sometiéndolas pretenden conseguir eliminar su malestar interno.

En su psicología deteriorada por años de acomplejamiento pueden llegar a albergar la ilusión, propia de una especie de vampirismo psicoafectivo, de que con ese comportamiento pueden apropiarse de características que no poseen y que tanto anhelan. Darían cualquier cosa por poseer las cualidades de la víctima, pero su propia incapacitación para el aprendizaje suele perpetuar una profunda ignorancia y pobreza humana. La ilusión de poder de un *yo* enfermizo y débil explica por qué la toman sistemáticamente contra aquellos que les parecen más débiles (las mujeres, los minusválidos, los jóvenes, los extranjeros), o contra aquellos que, por su forma de ser, su ingenuidad, sus valores, su buena fe o su actitud positiva les parecen más vulnerables por no ofrecer resistencia a su agresividad.

Se explica entonces por qué hostigan frecuentemente a aquellos que tienen poca probabilidad de que otros los defiendan y por qué necesitan romper la comunicación y el apoyo social de sus víctimas.

Esta *yoidad* disminuida y debilitada del hostigador está, sin embargo, anegada por los reproches y sentimientos de culpa que nacen de sus actuaciones. Para sofocar este malestar desarrollan un comportamiento contrario a su vivencia interior, caracterizado por la arrogancia, la prepotencia, la actitud de sabelotodo y la desvaloración profesional sistemática de todo cuanto realizan los demás.

Las críticas destructivas con que acusan a sus víctimas son reflejo de profundos reproches internos por su inadecuación personal y profesional. Esa crítica y censura interior constantes por no llegar a la competencia, las capacidades, el éxito, la fama o la felicidad que poseen otras personas que les rodean explican sus intentos de eliminarlas de la circulación.

La envidia que sienten del éxito, los buenos resultados o las evaluaciones positivas que obtienen compañeros o subordinados procede de un *yo* deteriorado que se reprocha no haber alcanzado cotas de excelencia y buen hacer semejantes. La inseguridad interior que padecen los hostigadores les impide arriesgar, innovar, ser creativos o atreverse a «ser ellos mismos», cosechando a cambio una mediocridad ramplona que les hace sufrir y hace sufrir a los demás. La furia y la ira les domina cuando se les llega a reprochar su comportamiento de hostigamiento. La represión de ésta y de otras verdades censuradas una y otra vez, por dolorosas, genera todo tipo de comportamientos compensatorios compulsivos o adictivos, con los que sofocan la mendacidad interna en la que se han instalado existencialmente.

Por ello es necesario insistir en que, en el drama que se opera en el acoso psicológico en el trabajo, si hay alguien con problemas psicológicos y mediocridad humana y profesional, ése es el acosador y no sus víctimas.

La primera de las víctimas de su patología es el propio individuo acosador. Las demás son víctimas secundarias. Como enfermos y fuentes de enfermedad y destrucción a su alrededor, los hostigadores laborales requieren ser identificados cuanto antes en la medida en que suelen suponer focos habituales y sistemáticos de toxicidad psicosocial en las organizaciones en las que trabajan.

¿CÓMO MANIPULA EL ACOSADOR A LAS VÍCTIMAS DE *MOBBING* PARA HACERLAS SENTIRSE CULPABLES?

Una de las artes que domina el acosador es la deformación de los procesos de comunicación. Las modalidades para distorsionar los hechos utilizadas por los acosadores son muy variadas. La comunicación pervertida y deformada ayuda en el proceso de introyección de la culpabilidad de las víctimas de *mobbing*. Los acosadores se suelen apoyar en cuatro comportamientos para generar la culpabilidad en sus víctimas:

- *Selección*. Escoge de manera sesgada un acontecimiento o situación, o una parte específica de éste, aislándola del resto. Se inventa todo lo demás, manipulando a su antojo los datos de la realidad.
- *Dramatización*. Amplifica perversamente la repercusión del hecho aislado, inventando supuestos perjuicios y supuestas víctimas de ese hecho, inflando las consecuencias adversas o negativas o, simplemente, inventándoselas, situándose como primera víctima de ellas.
- *Generalización*. Utiliza el hecho aislado, señalándolo como muestra significativa del general y habitual mal comportamiento profesional del acosado. Se trata de un indicador del «mal» desempeño habitual de la víctima. «Para muestra, un botón.»

- *Atribución*. Atribuye a la víctima una intencionalidad perversa, o la presunción de mala fe o de actuar mal adrede, buscando perjudicar a la institución, su imagen, a sus clientes, etc.

El acosador deriva de esa acusación aislada la atribución a las víctimas de rasgos internos indeseables o incompatibles con un desempeño profesional adecuado y calificaciones éticas negativas. Se trata de un proceso conocido como «satanización» que hace creer verdaderamente a las víctimas en esas imputaciones perversas hacia ellas.

La primera victoria del hostigador sobre su víctima, la que le llevará a las demás, es que ésta, perpleja e indefensa, acepte el punto de partida del acoso, esto es, la existencia de graves incumplimientos o faltas profesionales en su desempeño laboral.

A fuerza de repetir la acusación y manipular la información, el acosador consigue que la víctima acepte sus acusaciones e introyecte la culpabilidad.

Estas estrategias repetidas en el tiempo por el acosador no pueden ser casuales, sino causales. Con ellas pretende lograr la paralización, la duda, la indecisión, la inseguridad y, finalmente, la indefensión de la víctima ante sus ataques. El proceso de minar psicológicamente a la víctima para lograr su destrucción y desaparición tiene cuatro fases:

- En cuanto la víctima acepta su responsabilidad por las acusaciones de que es objeto, el acosador trabaja sobre su culpabilización.
- En cuanto la víctima acepta su culpa, el acosador tra-

baja para generar en ella un sentimiento interno de vergüenza.
- En cuanto la víctima siente vergüenza, el acosador trabaja para que se sienta mala o perversa moralmente.
- Una vez que acepta el rol de malvada, el ciclo se completa. La víctima no sólo siente que ha cometido errores sino que cree que ella es el error.

Desarrollar la extroyección pasa por actuar firmemente ante la acusación manipuladora:

- Solicitar firmemente aclaración y especificación (si es por escrito, mejor) de qué comportamientos, faltas o incumplimientos específicos se trata.
- Quiénes son, y en qué grado, las personas supuestamente perjudicadas.
- Cuándo y cuántas veces se han producido esos hechos.
- Qué personas han sido testigos.
- Por qué se produce esta acusación, ahora y en este modo.
- Para qué se formula en estos términos y qué se pretende con ello.
- Rechazar la asunción de responsabilidad, evitando excusarse o justificarse ante el acusador. Es importante ir documentando las acusaciones y recolectando potenciales testigos para el caso de debate contradictorio. Desde el momento en que una persona se excusa o presenta justificaciones a su comportamiento, asume tácitamente que las acusaciones tienen fundamento.

- Evitar entrar en dudas o indecisión a la hora de desempeñar el propio trabajo, manteniendo la prudencia, sin disminuir la eficacia del trabajo por tener que extremar la vigilancia (tener presente que el acosador suele intentar sembrar de trampas el trabajo de la víctima para poder después acusarlo y culpabilizarlo por ello).
- Rechazar los sentimientos de inadecuación mediante el desarrollo de comportamientos asertivos que proporcionen una sensación de eficacia personal y de control sobre su comportamiento y su entorno.

> La «extroyección» de la culpabilidad nace del convencimiento de la víctima de que es inocente y de no merecer un hostigamiento inmoral e injusto.
>
> La «extroyección» de la culpabilidad requiere cobrar conciencia de los procesos de manipulación de la comunicación que el acosador utiliza.
>
> **Defenderse del** *mobbing* **supone rechazar inteligentemente las imputaciones del acosador, para no colaborar en la propia destrucción psicológica y moral.**

¿QUÉ PERSIGUEN LOS HOSTIGADORES CON EL *MOBBING*?

El móvil del «asesinato psicológico» tiene siempre que ver con una determinada situación organizativa sobre la que operan las características personales del hostigador. Muchas veces lo que pretende quien hostiga es echar una cortina de humo sobre su propia inadecuación profesional. El profesor Leymann, de la Universidad de Estocolmo, solía insistir en que el comportamiento del acosador obedecía casi siempre a un intento del mismo de encubrir o camuflar sus propias deficiencias.

«El miedo y la inseguridad que experimentan hacia sus propias carreras profesionales, su propia reputación, su posición o estatus en la organización, les compele a denigrar y perseguir a otras personas.»

El miedo y la inseguridad de los acosadores suelen venir determinados por la propia conciencia de mediocridad, que es puesta en evidencia, muchas veces de manera inconsciente, por una conducta profesional intachable, ética o respetuosa de la víctima, de la que ésta es inconsciente.

Los sentimientos de inadecuación que presentan los acosadores suelen proceder de múltiples posibles fuentes: la envidia, la psicopatía, la paranoia, el narcisismo. El hostigador busca compulsivamente hacer desaparecer del lugar de trabajo a quien le resulta objetivamente amenazante o desencadena en él sentimientos de amenaza. El comportamiento del hostigador pretende quitar de en medio a quien siente como fuente de su malestar psicológico interno. Se ha observado que un comportamiento semejante suele ser un patrón bastante fijo y ello explica el hecho conocido en la investigación de que en el pasado del individuo acosador se encuentren los denominados «cadáveres en el armario». Es decir, otros trabajadores que fueron anteriormente eliminados del lugar de trabajo mediante variados métodos y con diferentes grados de destrucción psíquica.

Ello se explica desde la psicología por un comportamiento aprendido y reforzado por la práctica de encubrir y superar su inseguridad, su mediocridad, su incapacidad, o los sentimientos de inadecuación que le abruman interiormente, mediante la aniquilación de otras personas.

Los profundos complejos, el miedo y la inseguridad que experimentan hacia sus carreras profesionales explican así el comportamiento patológico de acoso y la persecución de otros.

¿Cuál es el mecanismo psicológico básico que opera en el *mobbing*?

El mecanismo básico que intenta explotar el acosador para eliminar a sus víctimas de la circulación mediante el *mobbing* consiste en demoler su autoestima y su seguridad y confianza en sí mismas y deteriorar así su desempeño laboral y su salud psicológica.

El hostigador, para eliminar su malestar psicológico, en lugar de elevar sus propios niveles de autoestima, intenta rebajar los de los demás hasta lograr dejarlos por debajo de los suyos. Con ello obtiene la compensación de quedar por encima de ellos mediante la ridiculización, la humillación o la hipercrítica sistemática de sus víctimas.

La confianza de la víctima en sí misma va a quedar un poco más deteriorada después de cada uno de los ataques que recibe. La reiteración y el escaso tiempo que tiene para recuperarse entre los distintos episodios de hostigamiento explican por qué, con cada ataque, su confianza queda mermada, y la imposibilidad de alcanzar sus niveles previos. La autoestima, base de un correcto y sano funcionamiento psíquico, queda con el paso del tiempo devastada. Se consuma de este modo un tipo de «asesinato psicológico» que puede acabar no sólo con la salud, sino también con la carrera profesional de la víctima.

La destrucción de la capacidad profesional y de la empleabilidad se explica debido a que el *mobbing* produce una espiral de indefensión, que genera expectativas negativas de autoeficacia en las víctimas que desarrollan un desempeño laboral cada vez más inseguro, empeorándose así su futuro profesional.

Al final de este proceso el acosador puede conseguir eliminar la buena opinión moral o ética que tiene la víctima de sí misma y hacer que desarrolle un sentido ético negativo.

El objetivo es que la víctima de acoso psicológico pase de la aceptación de la responsabilidad por errores «supuestamente cometidos» a la vergüenza de reconocer y aceptar que el «error es ella misma». Mediante esta estrategia de culpabilización se paraliza y anula a la víctima. La modificación de la autoatribución ética de la víctima supone el triunfo final del acosador, que termina por convertir en «una mala persona» a quien con anterioridad al *mobbing* se sentía «una buena persona». Consigue el acosador igualar a la víctima por abajo con su propia naturaleza amoral y antiética.

El análisis transaccional explica cómo el hostigador en serie, que presenta un tipo de posición vital que podríamos caracterizar siguiendo su modelo como: «Yo estoy mal, tú estás bien», pretende que la víctima adopte su misma posición enfermiza y que lleguen ambos a una posición «empatada a puntos»: «Yo estoy mal, tú estás mal».

¿Cómo es posible identificar a un psicópata organizacional?

En numerosas ocasiones los acosadores presentan determinados rasgos que explican por qué pueden resultar tan destructivos. Uno de estos rasgos es la psicopatía.

El psicópata organizacional no es un enfermo mental. Sus rasgos característicos, descritos a continuación, explican por qué numerosos casos de acoso psicológico en el trabajo tienen como protagonistas a este tipo de personalidades alteradas.

1. *Capacidad superficial de encanto.* Presentan una enorme capacidad de encanto. Las personas con las que trabajan, en especial a las que les interesa manipular en cualquier sentido, resultan seducidas sin remedio por el psicópata. Esta capacidad de encanto es una de sus armas defensivas y el motivo que explica que, cuando son identificados como acosadores, las personas de su entorno encuentren sencillamente increíble la versión de los hechos.

2. *Estilo de vida parasitario.* Suelen llevar un estilo de vida parasitario tanto personal como profesionalmente. Consiguen que otros hagan siempre el trabajo sucio, eludiendo así sus responsabilidades personales y profesionales más elementales sin problemas.

En la organización disponen de personas a las que instrumentalizan para vivir de su trabajo. Estos «esclavos» suelen hacer el verdadero trabajo del psicópata. Posteriormente éste se colgará las medallas por el mérito del trabajo de sus «esclavos». Muchas víctimas de *mobbing* son simplemente «ex esclavos» que se han rebelado y se han negado a seguir siendo explotados.

3. *Inflación de la propia imagen ante los demás.* Todos le deben todo. Compañeros, jefes y subordinados son continuamente despreciados por el sentido grandioso de sus propios méritos. El psicópata organizacional cree poder cobrarse en hostigamientos, humillaciones, ataques, vejaciones, etc., lo que todos le deben.

Como ya hemos señalado anteriormente, pretende compensar su déficit de autoestima mediante el rebajamiento de sus víctimas y la exaltación de cualidades, éxitos y realizaciones profesionales, en los que él no cree.

4. *Mentira sistemática.* Poseen una prodigiosa capacidad de mentir y falsear la realidad. Debido a estas capacidades pueden llegar muy lejos a nivel profesional y económico. Su ausencia de criterio moral interno explica que vivan «en» y «del» fraude continuado, en una especie de doble moral, con entramados financieros paralelos y formas de hacer negocios basadas en la mentira y el fraude.

Su capacidad de mentir y calumniar, puesta al servicio del *mobbing*, resulta temible, pues se trata de una verdadera especialización en ellos, refinada a lo largo de los años. Ante esta capacidad para el mal, las víctimas suelen quedar paralizadas.

La capacidad de fabular contra ellas las calumnias más creativas con apariencia de veracidad es demoledora.

Las víctimas del psicópata organizacional deben estar prevenidas contra esta capacidad para la impostura y la mentira.

Suelen fingir ser personas éticas, cívicas, preocupadas por la calidad del trabajo, por los valores humanos, etc. Con ello buscan poder clonar alguna característica que les pueda franquear la apertura o la confianza de los demás, y escalar puestos profesional y socialmente.

5. *Ausencia de remordimientos o de sentimientos de culpa.* Son incapaces de sentir remordimientos, arrepentimiento, culpabilidad o simplemente de sentirse responsables por el daño que están causando.

El psicópata organizacional también es incapaz de manifestar emociones y, en especial, de sentir pena o vergüenza por sus actos. Cuando es consciente de lo apropiado que pudiera resultar manifestar sentimientos en determinadas ocasiones propicias y siendo incapaz de ellos, los simula.

Es especialmente incapaz de empatía, lo cual resulta llamativo en su comportamiento laboral, pues destaca mucho debido a este déficit.

6. *Manipulación.* La manipulación que realizan los psicópatas organizacionales persigue escalar posiciones jerárquicas en la empresa a costa de *quien sea* o de *lo que sea*. Frecuentemente las víctimas de *mobbing* son obstáculos o amenazas potenciales en su carrera ascendente. Suelen desarrollar el ataque al poder mediante una variada gama de tácticas en las que se suelen encontrar casi siempre los mismos patrones:

- La eliminación inicial de los posibles competidores.
- La subyugación y dominación de los débiles mediante la amenaza.

- La «compra» de los fuertes mediante diferentes formas de pago.
- La neutralización de los posibles riesgos externos mediante el control.
- El silenciamiento mediante amenaza o prebenda de los testigos incómodos.
- La interferencia, deformación y manipulación de la comunicacion.
- La propaganda.

Su comportamiento y sus relaciones con los demás, ya sean compañeros, jefes o subordinados, se caracteriza por una doble estrategia: o los seducen (o compran) o los eliminan. De ahí que sean una fuente frecuente de acoso psicológico en las organizaciones en las que van medrando.

¿POR QUÉ ACOSAN PSICOLÓGICAMENTE LOS NARCISISTAS?

Vivimos en una sociedad narcisista en la que las personas derivan la buena opinión de sí mismas de la que tienen sobre ellas los demás. Paradójicamente, el narcisismo es un problema que nace de la falta de autoestima y no del exceso de ella. Los narcisistas son personas aparentemente normales en nuestras sociedades y organizaciones narcisistas que viven de la pura imagen.

Sin embargo, las personalidades narcisistas son socialmente disfuncionales en la medida en que su trastorno le compele a usar su poder para controlar a otras personas por las que se sienten amenazadas, y les hace vivir en una fantasía pretenciosa, en la que se ven a sí mismas como superiores a los demás, exigiendo de ellos un reconocimiento continuado de esta superioridad.

Los demás no existen para un narcisista, salvo en la medida en que pueden utilizarse como espejos de sí mismo en los que mirarse. Su enorme vacío y déficit de autoestima le obligan a buscar a los demás para poder reconocerse y valorarse a sí mismo.

Suelen aparecer como megalómanos con una sensación de ser únicos, peculiares, importantes y diferentes de los demás en algo que les hace superiores. Buscan en los demás el reflejo de esta sobrevaloración, que no es sino el reverso de un vacío personal, lleno de sentimientos de envidia, miedo, privación y rabia, que pretenden compensar y ahogar interiormente.

La anterior clasificación universal de enfermedades y trastornos mentales DSM III-R definía el trastorno narcisista de la personalidad como «una pauta generalizada de grandiosidad (en fantasía y en conducta), falta de empatía e hipersensibilidad a la evaluación de los demás, que se hace patente desde el inicio de la vida adulta y que se da en diversos contextos».

La actual DSM IV recoge el trastorno y lo define señalando al menos cinco de los siguientes comportamientos:

- El sujeto posee una idea grandiosa de su propia importancia.
- Le absorben fantasías de éxito ilimitado y de poder.
- Se considera especial y único y sólo puede ser comprendido por otras personas especiales o de alto estatus personal o institucional, con las que debería asociarse.

- Tiene una necesidad excesiva de ser admirado.
- Piensa que se le debe todo. Tiene un sentido de «categoría» con irrazonables expectativas de un trato especialmente favorable o de una aceptación automática de sus deseos.
- Explota interpersonalmente a los demás. Se aprovecha de los demás para conseguir sus propios fines.
- Carece de empatía y es incapaz de reconocer o identificar las necesidades o los sentimientos de los demás.
- Suele envidiar a los demás o cree que otros le tienen envidia.
- Manifiesta actitudes y comportamientos prepotentes y arrogantes.

El autobombo y la grandiosidad propios del narcisista se explican por la compensación que requiere su trastorno. La ignorancia y la mediocridad profesional que frecuentemente presentan los narcisistas tienen su origen en una incapacidad emocional de reconocer que no saben o no conocen algo.

No son capaces de gestionar emocionalmente la ignorancia, lo que les lleva a un comportamiento laboral de paralización e incapacitación. Al no poder progresar profesionalmente por los propios méritos, lo hacen a fuerza de destruir a los demás, especialmente a los más capacitados o a los que presentan mejor potencial.

El estado narcisista de conciencia explica la frecuente cualidad retórica y abstracta de muchos acosadores, incapaces de descender a lo práctico en su discurso.

Las relaciones sociales del narcisista se caracterizan

por tener muchos conocidos, pero pocas relaciones estables y duraderas. En sus relaciones de pareja y amistades busca personas con características especiales o con un determinado estatus social. Debido a estos rasgos de su personalidad alterada, el narcisista rehúye sistemáticamente en su dedicación profesional las posiciones bajas o ser subordinado de alguien. Se siente agraviado por tener que obedecer a quienes estima que están «por debajo de él». Por ello busca por todos los medios llegar pronto a posiciones de poder en la organización, desde las que relacionarse sólo con gente de su categoría o talla.

El narcisista se comporta en la organización sin respeto a los límites de la autoridad que se le ha conferido, sobrepasando frecuentemente las atribuciones de su cargo y explotando para su exclusivo beneficio personal a las personas que dependen de él. A estas personas las considera a su servicio personal, y no al servicio de la organización.

El egocentrismo del narcisista no distingue la diferencia entre su posición, como responsable de una organización que tiene unos fines determinados, y la búsqueda de sus propias satisfacciones personales.

En la deformación de un *yo* inflado artificialmente cree que todo se le debe en la organización.

El narcisista no se considera obligado por las normas que rigen para todos y se caracteriza por saltarse las reglas cuando le conviene. No presenta por ello sentido alguno de la culpabilidad, debido a que entiende que él está por encima de las normas o que éstas se han hecho para los demás y no para él. Se limita a un cumplimiento formal y literal de las mismas, de modo que externamente parezca que las cumple, aunque viole de manera flagrante el sentido más profundo o espíritu de esas disposiciones legales o reglamentarias. Son por ello especialistas en cumplir la ley para saltársela, es decir, en cometer fraude de ley.

Un narcisista es incapaz de manifestar emociones genuinas y menos aún de comprender las que las demás personas de su entorno pueden manifestar. Las emociones que invaden más habitualmente al narcisista son el resentimiento y la ira cuando los demás no reconocen inmediatamente su inmensa valía o su categoría social o personal. En esos casos manifiesta violentos deseos de venganza y destrucción contra quienes han atentado contra su débil *yo*.

El comportamiento laboral del narcisista deja mucho que desear, pero suele quedar camuflado por su capacidad de explotar interpersonalmente a otros o vampirizarlos profesionalmente. Entre los comportamientos más habituales de los narcisistas figuran:

- *Pensamientos o declaraciones de autovaloración, en contraste con lo que los demás piensan de él o con la valoración que de él hacen:* Son los mejores en todo y son capaces de sentir una rabia profunda contra quienes no los reconozcan como tales.
- *Historias fabuladas o exageradas de grandes logros profesionales:* Relatan historias fantásticas de realizaciones, proyectos, etc., de manera grandilocuente, olvidando significativamente la contribución o la participación de otras personas.
- *Hipersensibilidad a la evaluación de los superiores:* Sienten que nadie tiene nivel para evaluarles o pedirles cuentas. Echan pestes de los propios superiores e insisten en que son objeto de la envidia de éstos.

- *Utilización de los demás como espejo o auditorio:* Utilizan y se prevalen de su superioridad, de su cargo o posición para hacer que los demás escuchen sin remedio sus realizaciones, proyectos o historias de éxito.
- *Violación de los códigos éticos de la organización:* Sienten que están por encima de las normas internas, que no rigen para individuos «tan importantes o decisivos» como ellos. Son expertos en la manipulación legal, perpetrando abusos y fraudes de ley.
- *Sensación de inminencia o de crisis apocalíptica:* Proyectan hacia su entorno la sensación de crisis inminentes que nadie puede afrontar, salvo ellos.
- *Imprescindibilidad:* Suelen manifestar que nadie es imprescindible, salvo ellos que, claro está, sí lo son.
- *Pretensiones de nivel, categoría, etc., por sus relaciones sociales o el nivel de las personas de la organización que frecuentan:* Proyectan hacia los demás la falsa sensación de que se relacionan sólo con personas de alto nivel social o intelectual.
- *Reclamo de atención constante:* Utilizan las reuniones para monopolizar el uso de la palabra y para ponerse medallas o darse importancia.
- *Monopolización del mérito:* Se atribuyen sistemáticamente todo el mérito de los proyectos en los que participan, «colgándose todas las medallas», evitando mencionar la contribución de otros.
- *Mesianismo:* Se presentan como «salvapatrias» de la organización, con una pretendida visión genial de por dónde debería marchar ésta.
- *Comportamiento laboral parasitario:* Desprecian y denigran a otros trabajadores a los que explotan y mal-

tratan, pretendiendo ser más astutos, más fuertes o más poderosos que ellos.
- *Escaparatismo:* Sus despachos y zonas de trabajo son museos que exhiben sus trofeos profesionales, sociales o académicos. Diplomas, cuadros, medallas, premios y fotografías con personas importantes acreditan supuestamente el gran valor y el estatus social o económico de quien es su dueño. Lo mismo ocurre con todo tipo de objetos lujosos que portan y exhiben, como automóviles lujosos, prendas de vestir caras o «de marca», bolígrafos, mecheros, etc.
- *Susceptibilidad a la envidia:* Viven obsesionados por un tema central: la envidia. Todos los demás supuestamente envidian sus cualidades personales o profesionales. Son capaces de explicar todo el comportamiento de los demás basándose exclusivamente en la envidia que hipotéticamente les corroe. Por otro lado, son pasto de la envidia hacia los demás, no permiten que nadie de su equipo destaque y bloquean y dificultan al máximo que sus subordinados capacitados asciendan debido a sus propios méritos.

Viven atemorizados por las capacidades que presentan las personas de su entorno y debido a ello suelen acosar hasta eliminar a aquellos que manifiestan más profesionalidad o mejor capacitación. Si algo resulta peligroso en la organización es tener éxito en la proximidad de un narcisista.

Muy frecuentemente el *mobbing* se desencadena de manera imprevista contra un subordinado con ocasión de un éxito de éste, un premio o una felicitación interna o externa.

- *Extensión y propagación de la mediocridad:* Su preocupación máxima es que nadie pueda «hacerles sombra», profesional o personal. Por ello no seleccionan en sus equipos a nadie que pueda despuntar o ser más capaz.

  Con el paso de los años extienden a su alrededor la mediocridad profesional en la que su capacidad, ya de por sí mediocre, pueda despuntar. El narcisista sólo puede sobresalir en entornos más mediocres que él y se encarga de crearlos a su alrededor.
- *Sensibilidad a la jerarquía:* Las ideas valen en relación al peso jerárquico o social de quien las emite. Suelen alinearse sólo a favor de las ideas de los superiores, no en el plano intelectual, sino en el plano jerárquico o «político». Desprecian las ideas de aquellos que «no tienen el debido nivel».
- *Persecución del aprendizaje y la capacitación:* Al ser incapaces de aprender, por no poder gestionar emocionalmente la ignorancia, no desean tampoco que nadie aprenda o incremente su formación o capacitación. Sienten que el aprendizaje y la formación podrían capacitar a otros que terminarían aventajándole. Son enemigos declarados de la formación, tanto para sí mismos como para los demás, aduciendo diferentes pretextos para ello. Los seminarios de formación o el reciclaje pueden suponer un peligro de que los demás se den cuenta de su ignorancia y mediocridad.
- *Sensibilidad a la categoría de los trabajos:* Les cuesta «arremangarse» y realizar tareas que consideran por debajo de su nivel o categoría. Se sienten heridos en su dignidad por tener que realizar ese tipo de trabajos.

- *Pensamiento autorreferencial:* Todo lo que sucede en la organización tiene que ver con ellos y su decisiva contribución. Las decisiones que se han tomado arriba obedecen a su asesoramiento previo, a su decisiva intervención o a la sabiduría de sus consejos. Cualquier cosa puede molestarles y herir su dignidad. Son puntillosos y picajosos hasta extremos patológicos.
- *Fobia al riesgo y al fracaso:* El fracaso les horroriza por su incapacidad para enfrentarse emocionalmente a él. Incapaces de correr riesgos, sus limitaciones a la hora de arriesgar les convierte en pésimos emprendedores o promotores de proyectos. Por ello suelen permanecer en la retaguardia de todo, esperando para atacar en el momento oportuno a los que sí se arriesgaron, camuflando su ineptitud emprendedora mediante la crítica demoledora de las iniciativas y el éxito ajeno.

¿SON LAS VÍCTIMAS DE ACOSO PSICOLÓGICO «MASOQUISTAS» QUE BUSCAN INCONSCIENTEMENTE SU CASTIGO?

En absoluto. Las víctimas de *mobbing* son personas que, en general, aman sus trabajos y no desean ser apartadas de ellos por una estrategia perversa de exclusión. Las víctimas de *mobbing* no cooperan en absoluto con los que las acosan. Sin embargo, en algunas etapas del problema puede dar esa falsa sensación debido a la introyección de la culpabilidad de las víctimas.

La manipulación que practica el acosador de las redes

de comunicación y del entorno social suele convencer literalmente de su culpabilidad a las víctimas. Ello no quiere decir que éstas sean masoquistas o que tengan una voluntad inconsciente de «ser castigadas». La prueba es que cuando se les explica cómo opera el *mobbing* y el proceso de inculpación que lleva aparejado, suelen atravesar un período de enfado por la manipulación de que han sido objeto, pasando a dar respuesta activa al problema y a los que les hostigan.

Desgraciadamente, algunos enfoques terapéuticos de corte culpabilizador cargan sobre las víctimas la responsabilidad de los acosos. Una de las versiones es que las víctimas buscarían inconscientemente a los acosadores y ser castigados por ellos.

Otro proceso de culpabilización para muchas víctimas consiste en la utilización y aplicación de la denominada «actitud mental positiva» en el problema del *mobbing*.

Este tipo de terapias «positivas» se basa en hacer que la víctima reenfoque lo que le ocurre, aprovechando la ocasión que le brinda el *mobbing* para entrenarse en resistir, en relativizar lo que pasa y en desarrollar autoeficacia, habilidades sociales, inteligencia emocional u otras estrategias terapéuticas.

La actitud mental positiva ante el *mobbing* es altamente tóxica para las víctimas por encubrir un proceso de negación e inhibición que puede dañar aún más. Resulta especialmente demoledora por tácitamente culpabilizadora. Al final, termina victimizando de nuevo a la propia víctima reprochándole no ver lo bueno o positivo del caso, o no aprovechar las oportunidades del naufragio personal y profesional para «disfrutar del paisaje».

El «poder» del pensamiento positivo está de más en los casos de acoso psicológico en el trabajo.

¿Son los roles de víctima y hostigador intercambiables según la perspectiva que se adopte?

Afirmar que «el acosado también acosa a su vez al acosador cuando lo denuncia falsamente» significa que no se ha entendido nada de lo que es el *mobbing*. Si el *mobbing* requiere la continuidad y la frecuencia de una serie de comportamientos laborales por más de seis meses, una denuncia puntual, aunque sea falsa, no puede ser nunca un comportamiento de *mobbing*. Es sólo una denuncia falsa.

Tampoco es de recibo afirmar desde un criterio mínimamente formado que la moralidad o la ética de estas agresiones depende de la perspectiva que se adopte.

Señalar que no hay forma de distinguir entre agresor y víctima en el *mobbing* es un verdadero despropósito. Suele significar una forma de arrojar confusión sobre el problema con vistas a dejar a salvo el comportamiento de los verdaderos hostigadores.

Es necesario insistir una vez más en que situar en el mismo plano ético el comportamiento de víctima y agresor es absolutamente rechazable.

6

Cómo dar respuesta activa al *mobbing*

> Bebiendo un perro en el Nilo
> al mismo tiempo corría.
> —Bebe quieto —le decía
> un taimado cocodrilo.
> Díjole el perro prudente:
> —Dañoso es beber y andar,
> pero ¿es sano el aguardar
> a que me claves el diente?
> ¡Oh, qué docto perro viejo!
> Yo venero tu sentir en esto de no seguir
> del enemigo el consejo.
>
> FÉLIX M. DE SAMANIEGO

¿ES RECOMENDABLE FRENTE AL *MOBBING* AGUANTAR AL MÁXIMO, DEJAR PASAR EL TIEMPO O «ESPERAR A QUE ESCAMPE»?

Si hay algo que se reprochan, a la postre, todas las víctimas de *mobbing* que hemos asistido es no haber hecho frente a tiempo al problema.

La negación del problema suele ser el primer y principal obstáculo para comenzar a darle respuesta y solución.

De manera sorprendente, las víctimas pasan meses, y a veces años, sin hacer nada, inmersos en procesos psicológicos defensivos que producen la dilación de la respuesta.

En numerosos casos la víctima pretende hacer frente al

problema cuando ya es demasiado tarde y ha presentado la renuncia voluntaria, ha sido despedida o evidencia un enorme deterioro en su salud física o psíquica.

La dilación en la respuesta es la causante de que pase el tiempo y de que la persona no afronte el problema del acoso. La dilación es una modalidad o mecanismo de defensa habitual que se produce cuando percibimos una amenaza extraordinaria para nuestra integridad cuyo afrontamiento efectivo es percibido como extremadamente doloroso.

La gravedad del acoso, unida a la paralización frecuente de la víctima, hace que ésta despliegue un mecanismo de defensa de este tipo. Dicho mecanismo adopta diferentes modalidades verbalizadas por las víctimas en los siguientes términos:

- «Esperaré a que escampe.» «Después de la tempestad, el buen tiempo.»
- «Aguantaré esperando tiempos mejores.» «Aquel que resiste hasta el final vence.»
- «No hay mal que cien años dure.»
- «Esperaré un cambio de departamento, un traslado, un cambio organizativo que me libere.»

La ilusión central consiste en que la víctima postula que, con el paso del tiempo, el acoso y su intensidad disminuirán o desaparecerán sin más de su horizonte existencial.

La experiencia práctica apunta a todo lo contrario. El paso del tiempo, manteniendo todo el resto de circunstancias sin modificación, no produce la mejora, sino justamente lo contrario, el empeoramiento del problema. En relación al *mobbing*, no hacer nada, no modifica nada.

El paso del tiempo produce el enquistamiento del problema, la generalización del conflicto hacia otras áreas en la organización, el empeoramiento de la salud física y psicológica de la víctima y el deterioro de sus relaciones profesionales y familiares.

La víctima del acoso psicológico espera, paralizada, que el paso del tiempo lo borre todo o que surja de manera espontánea y providencial algo que la rescate de la situación, poniendo toda esperanza de resolución en el movimiento de las manecillas del reloj o en el paso de las hojas del calendario.

Contra esta ilusión perniciosa resulta necesario incrementar la percepción de la víctima de que el mero hecho del paso del tiempo no producirá modificación alguna. Ayuda a esta percepción focalizarse en el registro de todos los acontecimientos relevantes del acoso.

Con ello, la víctima observará que, al no hacer frente al acosador, éste, lejos de cejar, redobla esfuerzos para conseguir lo que anhela, la destrucción del trabajador y la exclusión de su ámbito laboral.

El mero paso del tiempo, sin emprender acción alguna, supone para la víctima un perjuicio, al dejar hacer al acosador sin plantarle cara de manera activa. El mecanismo destructivo del hostigamiento psicológico no puede operar cómodamente contra una víctima activa y asertiva que da respuestas. Es cierto que para una víctima de *mobbing*, una vez roto el frente, no es fácil recuperar la compostura y rehacerse frente a los ataques.

Por ello, la labor preventiva, la información y la consciencia del derecho a la dignidad son buenos compañeros para un trabajador desde el principio.

La asistencia, el apoyo y el entrenamiento en la respuesta activa de la víctima por parte de especialistas es otra buena herramienta.

La historia del «Mancebo que casó con una mujer muy fuerte e muy brava» que cerraba el primer libro que escribí sobre este tema, ilustra muy bien la filosofía básica de supervivencia al *mobbing* basada en «hacer frente cuanto antes mediante una estrategia de contención temprana». La moraleja del cuento: «Si al principio no muestras quién eres, nunca podrás después cuando quisieres».

La dilación de la solución de un problema como el *mobbing* evita afrontar una realidad en extremo dolorosa, como puede ser la de una serie de ataques continuados contra la propia dignidad.

Este mecanismo afecta también a las organizaciones en las que el *mobbing* se produce, que suelen negar su existencia recurriendo a otras explicaciones alternativas, y suelen evitar afrontar directamente el problema y dilatan o difieren la puesta en marcha de soluciones.

También es cierto que algunas víctimas, en extremo sensibles o bienpensantes, dejan erróneamente que pase el tiempo al desarrollar un tipo de reacción denominada «reacción poliánica», consistente en «no dar pábulo al mal», «no pensar mal», «no criticar», «no hacer daño a nadie», etc.

No querer ver el mal, además de no hacer que éste desaparezca, suele contribuir a su empeoramiento y extensión; la dilación de la respuesta o la reacción poliánica ante el *mobbing* facilitan y abren el camino del acosador hacia la agresión a otras futuras víctimas.

> Es importante tomar conciencia de que el paso del tiempo sin hacer nada frente al *mobbing* no conduce sino a empeorar las cosas y a agravar el daño generado.
>
> La tendencia a quedar inerme ante el *mobbing*, esperando que el paso del tiempo arregle las cosas, es un mecanismo de defensa con el que las víctimas intentan protegerse psicológicamente.
>
> El acosador requiere para su actuación de la paralización de la víctima desde el principio y que ésta no haga nada. El mecanismo perverso del *mobbing* requiere y cuenta con esta parálisis.

¿Es imprescindible solicitar ayuda especializada para superar el *mobbing*?

La respuesta es variable. No siempre es igual el grado de necesidad de acompañamiento terapéutico. La mitad de los trabajadores que pasan por el acoso psicológico en el trabajo no refieren en los barómetros Cisneros secuelas o daños psicológicos graves.

Lo que es necesario, en cualquier caso, es proceder cuanto antes a la evaluación o diagnosis realizada por profesionales especializados para establecer en qué medida existen secuelas psicológicas graves y, por lo tanto, en qué medida se requiere la asistencia profesional.

En la experiencia de asistencia a las víctimas de *mobbing* es una práctica sistemática y muy deseable que las víctimas se abran y hablen cuanto antes de su problema. Esto resulta enormemente costoso al principio para muchas de las víctimas que han desarrollado patrones de inhibición y retraimiento social.

El acompañamiento psicológico es tanto más beneficioso cuanto mayor ha sido la soledad y el aislamiento que la persona ha desarrollado y cuanto menos ha hablado o comentado el tema con otros.

Para facilitar el proceso de apertura resulta esencial el desarrollo por parte del terapeuta de una actitud de respeto, aceptación incondicional y empatía.

El paciente ha de estar seguro de verdad de que el psicólogo está de su parte de forma incondicional. De lo contrario, el miedo al reproche y a la crítica le inhiben y se detiene el comportamiento de autorrevelación que resulta tan beneficioso para el afectado por *mobbing*. En este punto resulta conveniente asignar un papel gemelo al del terapeuta a las parejas de las víctimas, que reciben, como «deberes para casa», la tarea de enfatizar en cantidad y en calidad la comunicación con ellas.

Se trata de hablar del tema, sobre todo de que hable y se exprese la víctima. También el diálogo conyugal tiene enormes efectos terapéuticos sobre la propia pareja de la víctima, cuando, tal y como es frecuente, ésta ha desarrollado a su vez patrones de inhibición, buscando «no hablar del tema» o «no mencionarlo» en casa.

La explicación de la necesidad de que las víctimas hablen del tema reside en que se observa de manera sistemática una clara mejoría en todos los síntomas a medida que la víctima es capaz de hablar o verbalizar lo que le ocurre o lo que le ocurrió. Cuanto mayor es la verbalización menor es la somatización.

Cuando no disponemos de pareja como co-terapeuta, se le asigna a la víctima el trabajo de escribir en su casa cómo se siente o cómo se ha sentido ante las agresiones y ante el daño que le han generado. El material de trabajo de la siguiente sesión incluye la revisión de esos escritos que la persona tiene que redactar diariamente.

Hemos observado que las víctimas de *mobbing*, con el diálogo y el apoyo terapéutico, con el incremento en la comunicación conyugal y con las tareas de escritura que tienen que llevar a cabo diariamente, mejoran sustancialmente en la sintomatología más grave del *mobbing*. En especial, mejoran determinadas secuelas propias del estrés postraumático. Encuentran por primera vez una comprensión más profunda de lo que les ha ocurrido y reencuentran su posición existencial en el mundo.

Escribir en un cuaderno o hablar con los demás del *mobbing* significa neutralizar las secuelas procedentes de la somatización. Significa que el cerebro retoma el control consciente y racional del comportamiento, dotando de significado a la situación del paciente. Diferentes estudios relacionan la escritura y la autorrevelación terapéutica con la mejora en los indicadores del sistema inmunitario. Entre las víctimas de *mobbing* esta mejoría es patente.

El trauma que significa el *mobbing* para las víctimas es superado mediante la satisfacción de la necesidad de dotar de sentido o significado a lo que les ha ocurrido.

El cerebro humano está construido y diseñado para avanzar en la comprensión y en la búsqueda de sentido o significado. El *mobbing*, como traumatismo psicológico, rompe ese significado. El proceso terapéutico supone siempre reestablecer esa necesidad de comprensión existencial.

Algunas víctimas sustituyen la tarea de la escritura por la poesía. Otras hacen dibujos o esquemas explicativos de lo que van comprendiendo en su proceso de búsqueda de significado.

Lo que tienen en común todas estas estrategias terapéuticas es que el proceso supone el reestablecimiento del orden psicológico. El sistema psicológico vuelve a autocomprenderse y tiende a volver a operar con normalidad.

Para la mayoría de las personas el proceso terapéutico plantea tales exigencias personales de crecimiento, consciencia e introspección, que dicen salir como «personas nuevas» del proceso de recuperación del *mobbing*.

Algunas, incluso, como Íñigo, al final hasta se «alegran» de que les haya sucedido algo tan terrible por el tipo de crecimiento que les ha exigido salir del problema:

> Nunca pensé que me alegraría de lo que pasó. Esto ha sido superdoloroso para mí pero ha significado un período de ponerlo todo en solfa, de rehacer mi personalidad, de reevaluar todos los supuestos básicos y perspectivas hasta ahora intocables de mi vida...
>
> ¡Las veces que he llorado en las sesiones y en casa sobre mi cuaderno de trabajo!
>
> A veces no podía y reventaba de odio y maldecía a mis acosadores por haberme robado la salud y a Charo. Otras veces creía que debía acabar con todo y tirar la toalla...
>
> Este proceso ha sido lo más doloroso y lo más luminoso de mi vida. Bendito *mobbing* que me ha llevado a estos descubrimientos y a esta paz interior que nunca había tenido y que siento que nadie me puede quitar ahora.
>
> Sin dudar acepto haber pagado un precio tan alto como el acoso para llegar al amor incondicional de mí mismo. Lo aceptaría de nuevo sin dudar un instante....

A pesar del entusiasmo de Íñigo, lo cierto es que el *mobbing* no es necesario para desarrollar procesos importantes de crecimiento psicológico.

Otras estrategias necesarias y que suelen emplearse en el tratamiento o asistencia especializada pasan por el control de la ansiedad, el desarrollo de la autoestima y el entrenamiento en *coping* (estrategias de afrontamiento), asertividad y habilidades sociales.

> No siempre es imprescindible el acompañamiento terapéutico, pero siempre es necesario proceder a la evaluación del posible daño psicológico.
>
> La determinacicón y diagnóstico de las secuelas o daños psicológicos resulta primordial en cualquier enfoque para salir del problema.
>
> Es esencial que la estrategia terapéutica apunte a romper la habitual inhibición que lleva a las víctimas a retraerse y a no hablar del tema con nadie.

¿ES EFICAZ CONTRA EL *MOBBING* ADOPTAR LA LLAMADA «ESTRATEGIA DE PERFIL BAJO», ESTO ES, SOMETERSE, SER CONCILIADOR O «SER UN BUEN CHICO»?

En absoluto. Los casos en que las víctimas desaparecen del lugar de trabajo, sin afrontar o denunciar el acoso a que han sido sometidas, funcionan como una señal de debilidad para el acosador. Éste, cuya tendencia frente a la debilidad ajena es crecerse para compensar su inadecuación interna, redobla esfuerzos para continuar su labor, en el nuevo puesto al que llega la víctima, incluso en otra empresa u organización.

La razón estriba en que la víctima, al cambiarse de puesto, puede llegar a contar lo que ha padecido a manos del hostigador, y ello supone una nueva amenaza para éste. Se adelanta así el hostigador y comienza por llamar al jefe o a los nuevos compañeros de la víctima en su nuevo trabajo y da informes negativos falsos acerca de su desempeño, o simplemente calumnia o difama a la persona utilizando informaciones falsas que a ésta nunca le serán reveladas y que por tanto jamás podrá contrastar o desmentir.

Las versiones al uso del que se conoce como *remobbing* o *mobbing* de segundo grado son calumnias como: «Es una pelandusca..., es un ladrón..., es un tipo problemático..., es un alcohólico..., es un pendenciero..., tiene problemas conyugales..., la que le ha caído encima con ése..., ha tenido problemas con las drogas..., se acuesta con toda la oficina..., ha tenido sanciones..., ha dejado el departamento como un solar..., los clientes no la pueden ni ver..., sus subordinados le odian..., nadie quiere trabajar con ella, no vale para nada..., es un encantador de serpientes..., etc.».

¿Puede ser el *mobbing* una oportunidad para el desarrollo y conocimiento personal de la víctima?

El acoso psicológico puede representar para muchas personas que lo padecen una ocasión para desarrollar un crecimiento personal importante basándose en el trabajo psicológico que implica hacer frente al problema. Sin embargo, esto no puede significar jamás dar por sentado que el acoso psicológico sea una bendición para cualquiera o que, al contrario, quien se hunde frente al *mobbing* no sea sino alguien al que le han fallado las estrategias de afrontamiento o *coping*.

No son de recibo éticamente las denominadas terapias positivas de corte culpabilizador que sitúan la responsabilidad por el daño psicológico recibido en el acosado y no en el acosador o en la organización en que se produce el daño.

Es cierto que para muchas personas superar el *mobbing* ha significado al mismo tiempo despertar del adormecimiento en el desarrollo de una carrera profesional hasta entonces ralentizada o disminuida. El cambio o la salida del ámbito profesional en el que se le ha practicado el *mobbing* puede requerir en la víctima mirar más allá del horizonte profesional habitual, estableciendo nuevas metas profesionales. Muchas personas que se han asociado para defenderse del acoso psicológico han reencontrado desde una perspectiva existencial su posición y actitud en el mundo, desarrollando habilidades sociales nuevas, ampliando sus horizontes sociales y haciendo crecer elementos éticos como la solidaridad, la sensibilidad social, la proactividad con otras personas o la compasión mediante la importante función que se desarrolla en el asociacionismo. Para algunas personas la causa personal del acoso psicológico a que han sido sometidas ha significado una decidida actitud de combatir de manera concreta el «mal en el mundo», haciendo frente al acoso propio, ayudando a otras personas que lo padecían, y solidarizándose con aquellas causas de las personas que sufren otros problemas que hasta entonces no tenían ninguna resonancia en ellas.

El trabajo personal de *coaching* psicológico para hacer frente al *mobbing* pasa por fortalecerse psicológicamente mediante un entrenamiento individual en autoestima, asertividad, afirmación personal y confianza y seguridad interior.

Para muchas personas, el *mobbing* también supone una ocasión de recuperar la interiorización desarrollando disciplinas espirituales como la meditación, el silencio interior o la oración.

El bosque que puede aguardar tras el árbol del *mobbing*, como se ve, es diverso. Nuestra experiencia indica que si la víctima olfatea la existencia de tales oportunidades, ello puede darle un sentido alternativo y sano a la vivencia traumática que padece, orientando su comportamiento hacia el aprovechamiento de alguna de estas nuevas ocasiones que la situación le brinda.

¿QUÉ TÉCNICAS O ENTRENAMIENTO PSICOLÓGICO SE REQUIEREN PARA DAR RESPUESTA AL *MOBBING* Y HACERLE FRENTE?

Sin perjuicio de que el daño psicológico ocasionado por el *mobbing* debe entenderse como grave y debe tratarse específicamente, para ayudar a la estrategia de afrontamiento del acoso es habitual trabajar algunas técnicas que buscan reestablecer la asertividad. Entre las técnicas más habituales se suele trabajar el desarrollo de habilidades y destrezas que buscan que la persona aprenda a:

- Solicitar o pedir cosas a otros.
- Formular preguntas, en lugar de ofrecer justificaciones.
- Mostrar o manifestar desacuerdo, incomodidad o disgusto personal.
- Evitar la generalización de las acusaciones, puntualizando cada tema.
- «Mantener el tipo» ante acusaciones desestabilizadoras o imputaciones perversas.
- Recuperar la autoestima dañada.
- Hacer frente a las críticas externas e internas.
- Hacer frente a las mentiras o insultos.
- Discutir de manera asertiva.
- Reducir la tensión mediante la relajación, la respiración, etc.
- No dejarse manipular emocionalmente.

¿Existen profesionales especializados en tratar, asistir y entrenar a las víctimas de *mobbing*?

Es necesario insistir en que el profesional que se encuentra ante una persona que ha sido o está siendo víctima de *mobbing* no se encuentra ante un enfermo mental.

Las víctimas de *mobbing* no son enfermos sino víctimas de un daño. Ese daño se puede materializar en una serie de enfermedades pero tiene siempre los requerimientos de asistencia y las necesidades de apoyo de otros problemas de victimología como son las violaciones, el abuso infantil, las catástrofes, etc.

Cualquier profesional de la psicología debe identificarse debidamente como psicólogo o psiquiatra como requisito para poder ofrecer consejo o asistencia terapéutica. Los profesionales que ejercen la psicología en España están obligados a colegiarse y es preceptiva la identificación del colegiado con su número de colegiación. La actuación profesional y ética de los psicólogos está regulada por el código deontológico de la profesión.

Sin embargo, el tipo de problema en que consiste el *mobbing* requiere de un tipo de profesional que, conociendo ampliamente los recursos del *counselling*, esté versado en el conocimiento de la psicología del trabajo y de las organizaciones y haya tratado casos reales de *mobbing*. Por ello la asistencia a las víctimas de *mobbing* es más un tipo de *coaching* que una terapia psicológica propiamente dicha.

¿Cuáles son las fases de salida y superación del *mobbing*?

El acrónimo CISNEROS permite recordar las fases y los conceptos más importantes en la salida del problema. El propio manual está organizado según el mismo patrón de salida del problema, con sus cuatro fases proyectadas en las cuestiones que abordan los siete capítulos del libro.

Comprender el *mobbing* y sus modalidades.
Identificar la situación específica del acoso.
Salir del proceso de doble victimización.
Neutralizar los efectos y las secuelas del *mobbing*.
Extroyectar la culpabilidad.
Responder de manera activa y asertiva.

Olvidar y perdonar.
Superar existencialmente el acoso.

El trabajo de asistencia, apoyo y entrenamiento con las víctimas de acoso psicológico y la salida de éstas del problema suele atravesar cuatro etapas:

Fase I: identificación del problema como mobbing. En esta fase se trabaja en informar y en formar a las víctimas en el problema que padecen, aportándoles la perspectiva correcta de lo que les está sucediendo.

Suele ser frecuente convocar desde las primeras fases a la pareja de la víctima para informarle de lo que ocurre y hacerla participar como co-terapeuta.

Se diagnostican los daños o efectos típicos. Se catalogan los comportamientos de *mobbing* evaluando la duración, la intensidad y la frecuencia.

En esta fase se trata de que la víctima supere el mecanismo de negación, logrando así identificar y llamar al acoso por su nombre.

Identificar el problema como tal le hace situar en la esfera consciente la fuente del daño que recibe, de este modo comienzan a remitir las somatizaciones. Se proporciona a las víctimas la explicación de cómo opera este problema y se contestan las dudas y objeciones. Suele presentarse en las víctimas cierta resistencia inicial a comprender todo lo que ocurre.

Desde esta primera fase la víctima es capaz de hablar del tema con el terapeuta y de explicarse a sí misma y a otros lo que ha ocurrido, llegando a una comprensión o *insight* de tipo intelectual

Fase II: desactivación emocional. La comprensión intetectual es requisito previo para poder comenzar a trabajar sobre las reacciones emocionales que ha desencadenado el acoso. La persona empieza a darse cuenta de cómo le perjudican sus reacciones emocionales, en especial la ira y la rabia, y cómo le impiden elaborar una respuesta eficaz.

La víctima toma conciencia de cómo el acosador le produce o le ha producido una serie de daños o secuelas, a través de la violencia psicológica continuada.

Las víctimas advierten cómo el *mobbing* ha generado una situación de indefensión que ha terminado por paralizarlas e interferir en su vida familiar y social, perjudicando gravemente su empleabilidad.

En esta fase la persona retoma el control emocional sobre las reacciones que automáticamente le producía el acoso psicológico.

Fase III: la respuesta activa al acoso psicológico desde la extroyección de la culpabilidad. Una vez desactivada, consciente de la naturaleza de su problema y libre de las reacciones involuntarias y negativas que le producía, la persona está en disposición de trabajar sobre la culpa y la vergüenza, desplegando ante las acusaciones y tácticas perversas una respuesta de extroyección, es decir, invirtiendo el proceso que le había llevado a introyectar la culpabilidad.

En esta fase es necesario trabajar específicamente en la recuperación de la autoestima y en el desarrollo de las habilidades asertivas de la persona. La respuesta dada por el paciente refuerza dentro de un círculo virtuoso su propia autoconfianza y es fuente de mayor capacidad de respuesta. Se trata de que la persona ya no se deje hacer sin más por los acosadores y dé las batallas necesarias, aun a riesgo de no ganarlas. Lo importante aquí es romper la indefensión y hacer que se refuerce en la persona la sensación de que no está a merced de los acontecimientos, sino que posee cierto control de la situación.

En esta fase se van desarrollando, por este orden, la autoestima, la autoeficacia y el autoconcepto, anteriormente alterados o dañados.

Fase IV: superación del problema e integración en la perspectiva vital de la víctima. La persona ha dado respuesta y es capaz de seguir dándola, independientemente de cuál sea su situación laboral.

La decisión de la persona en cada caso varía, pero la integración del problema en su perspectiva vital significa «pasar página» y retomar las riendas de la propia vida personal y profesional.

La víctima deja aquí de serlo y adopta una perspectiva amplia y existencial.

Para el alta, no queda más que cortar el último eslabón de contradependencia que los acosadores mantienen sobre ella: el resentimiento y el rencor. El odio es un veneno que las víctimas beben para que les haga daño a sus acosadores. Liberarse de ese veneno pasa por el perdón del ofensor. Ello no quiere decir renunciar a las acciones legales o preventivas contra él. Se trata de liberarse definitivamente del efecto que causa sobre la energía del sistema psíquico.

Una vez que la persona perdona (no intelectualmente, sino afectivamente) al ofensor, deja de tener una parte de su energía bloqueada, liberándola para propósitos personales y profesionales más interesantes y beneficiosos. El perdón aquí no es un tipo de perdón ético, moral o religioso. Se trata de que mediante el perdón la persona desaloja definitivamente a los acosadores de sus «neuronas». Es el final del *mobbing*.

¿CÓMO SE PUEDEN EVITAR O CANALIZAR ADECUADAMENTE LAS REACCIONES EMOCIONALES NEGATIVAS PRODUCIDAS POR EL *MOBBING*?

Algunas víctimas sufren los efectos combinados del *mobbing* y de determinadas programaciones de las que no son conscientes y que les hacen reaccionar con ira y agresividad ante el problema, generando errores de estrategia importantes. La importancia de la desactivación emocional exige comprender cuanto antes cómo operan estos pensamientos tóxicos en las víctimas.

1. *La injusticia y perversidad del* mobbing: *«Esto no es justo y no debe ocurrir»*. La metaprogramación que nos permite un buen ajuste social nos hace creer que estamos en un mundo que funciona de modo bastante justo o correcto. Buena parte de la activación emocional de las víctimas de *mobbing* procede de la ruptura de este paradigma. La reclamación de las víctimas a la organización, a la sociedad, a los jueces, etc., reviste la forma aproximada de: «Esto no es justo y no debe ocurrirme a mí».

Nos encontramos frecuentemente, en la asistencia a las víctimas, recordando a éstas que viven en un mundo no justo en el que muchas veces «los malos» se salen con la suya al final de la película. No por ello deben sentirse mal o culpables. No por ello deben dejar de dar la batalla.

Aunque lo éticamente correcto es lo contrario, en el mundo se producen diariamente innumerables atropellos, abusos y violaciones de los derechos de las personas. La víctima del acoso no podría pretender, salvo irracionalmente, que no se cometa con ella ninguna injusticia. Otra cosa es que desarrolle una lucha eficaz en pro de la justicia. Pero sin el lastre de la activación emocional.

2. *No merecimiento del acoso: «Yo no me merezco esto»*. No estamos en un mundo en el que cada uno recibe el premio o el castigo según su merecimiento. Aunque la equidad y la justicia lo exigen, dar a cada uno según sus merecimientos no siempre es el modo de funcionamiento de la sociedad. A veces se pueden recibir premios inmerecidos, así como castigos que no vienen a cuento y que no tienen justificación alguna.

3. *Debo sentirme mal si...* Se trata del daño secundario sobre las víctimas que se programan a sí mismas para sentirse mal, nerviosas, enfadadas, cabreadas..., en una palabra, *activadas emocionalmente,* debido a que se resisten y rechazan lo que les ocurre. Siendo como es el comportamiento de hostigamiento algo que procede de otras personas, no se puede pretender controlarlo o modificarlo por parte de la víctima.

Desarrollar rabia y reacciones de ira cuando la injusticia se comete o se ha cometido ya, no sólo es inútil sino que es perjudicial por poder acarrear nuevas complicaciones laborales y lesiones en el organismo, perjudicándose así la salud física y psíquica.

La reacción emocional de ira, además, distrae a la víctima de elaborar y desplegar otras conductas eficaces para hacer frente al *mobbing*.

No olvidemos que sacar de quicio y desestabilizar emocionalmente a la víctima es un objetivo prioritario de los acosadores.

Recuperar el control emocional pasa por el desarrollo de patrones de pensamiento sanos y realistas, y por comprender y entender los siguientes aspectos:

- Aceptar las propias limitaciones, en especial los propios estallidos de cólera, ira o rabia.
- Aceptar que uno tiene el control último sobre sus emociones, aunque no sobre los ataques y estrategias del acosador laboral.
- Visualizar y vivir la situación de acoso con la perspectiva de un observador externo que estuviera contemplando desde fuera el problema, como medio de desactivar la reacción automática de ira.
- Pasar del automatismo de la reacción emocional de ira y rabia al control consciente y racional de la conducta.
- Elegir trascender la rabia para convertirla en humor, aprendizaje y autoconocimiento.
- Aceptar la impotencia ante situaciones sobre las que no se tiene control ni se cuenta con alternativas.
- Aceptar que uno no puede hacer nada por reparar el daño que ha recibido, y que no hay reconocimiento

judicial o social ni resarci[...]
que pueda compensar el d[...]
- Comprender y aceptar las [...]
de tener para desembaraza[...]
propia programación.

La última aceptación emocio[...] ca entender que uno no tiene ca[...] minar los comportamientos de acoso (aunque sí para hacerles frente), ni tampoco para convertir o cambiar al acosador pero sí para protegerse de él.

A veces, la víctima sola, y de manera humilde y compasiva para consigo misma, tan sólo puede minimizar los daños profesionales y personales que se le han ocasionado, cuidando con ternura de sí misma.

> Es esencial comprender que ante el *mobbing* el objetivo no es lograr una aplastante victoria sobre el agresor sino obtener el mejor entre los distintos grados de supervivencia personal actuando lo más humilde e inteligentemente posible.
>
> La aceptación de la propia impotencia ante el *mobbing* es la actitud capaz de desactivar la ira, la rabia y el resentimiento, y de activar la respuesta eficaz de la víctima.
>
> Desde este momento, la actuación de la persona no es una mera reacción, sino una acción emocionalmente inteligente que le ayuda a salir de la espiral negativa del proceso de victimización.

7

Cómo evitar y prevenir el *mobbing* en la organización

> El hombre bueno con los hombres injustos acaba siendo injusto con los hombres buenos.
>
> El Talmud

¿EXISTEN ORGANIZACIONES LIBRES DE CASOS DE *MOBBING*?

No hay organizaciones a salvo de *mobbing*. Algunos sectores o profesiones se encuentran incluso afectados de manera especial por este problema. Los trabajadores sanitarios (en especial las enfermeras), los educadores y profesores, los funcionarios públicos, los profesionales de los medios de comunicación, el personal del sector turístico y hostelero, el personal de entidades financieras, los investigadores o especialistas en alta tecnología, los trabajadores de organizaciones asistenciales (congregaciones y órdenes religiosas y organizaciones no gubernamentales) o los miembros de organizaciones ideológicas (sindicatos, partidos políticos) son, por diferentes razones, profesiones en las que los casos de *mobbing* duplican o incluso triplican lo normal.

¿Existen organizaciones que por sus características sean generadoras de casos recurrentes de *mobbing*?

El *mobbing* es el fruto de la convergencia de diferentes factores que han de producirse en el entorno laboral. Uno de esos factores son las características tóxicas en las organizaciones en que ocurre. Es necesario señalar que la mayoría de los investigadores están de acuerdo en que las características de la organización son insuficientes por sí mismas para generar casos de *mobbing* y de que es necesaria la confluencia de un tipo especial de personalidad en el agresor o acosador para que el *mobbing* se produzca. Por lo tanto el estatus que asignamos a los factores organizativos es el de resultar necesarios pero no suficientes para producir *mobbing*.

Los factores organizativos tóxicos relacionados con una alta incidencia del *mobbing* son los siguientes:

- La falta de apoyo o sostenimiento organizativo al trabajo.
- La burocratización o institucionalización que ahoga la innovación o creatividad personal del trabajador.
- La turbulencia o regulación caótica de las relaciones profesionales y jerárquicas.
- La inexistencia de soportes suficientes para desempeñar el trabajo.
- El dimensionamiento incorrecto de la carga laboral (una persona tiene que hacer mucho más de lo que su capacidad le permite).
- La baja integración de los equipos humanos.

- La inexistencia o deficitaria actuación del *management* o línea jerárquica.
- La existencia de prácticas tradicionales «sagradas» o «intocables».
- La elevada competitividad interpersonal o los denominados «juegos de suma cero» (o tú o yo, pero no los dos).
- La inexistencia de departamentos o políticas de recursos humanos.
- La ausencia de descripciones de puestos o de manuales de organización.
- La ausencia de valores culturales, como el compañerismo, la solidaridad, la equidad, etc.
- El clima de inseguridad o de miedo.
- Los estilos de dirección autoritarios.
- La ausencia real de dirección o el estilo abandonista que implica el dejar enquistarse cualquier conflicto.
- El *management* de tipo «divide y vencerás».
- Un tipo de trabajo que no requiere la cooperación de las personas y favorece el individualismo.
- La deficiente o inexistente capacitación de los *managers,* mandos o directivos para dirigir negocios o personas. Se encuentran dirigiendo personas sin mayor estudio o preparación para ello.
- El tipo de promoción basado en *El principio de Peter.* Se promociona a aquellos que poseen algún tipo de habilidades técnicas, pero no poseen habilidades o destrezas de comunicación o motivación de equipos. Suele ser el caso de los técnicos altamente cualificados por sus competencias técnicas, pero que al mismo tiempo carecen de las habilidades sociales o em-

patía necesaria para dirigir equipos humanos y terminan desarrollando un tipo de liderazgo a la defensiva y liquidador de todos aquellos que les puedan hacer sombra o resultar molestos o no sumisos.
- La ausencia de comunicación interna y el consiguiente desarrollo de la «rumorología».
- Las empresas o instituciones clientelistas en las que funciona el nepotismo, el «mandarinato», el amiguismo o el «tener que ser de la cuerda de...» o «de la mafia de...» para poder medrar o promocionar.
- La inexistencia de prácticas o de mecanismos objetivos para la evaluación del desempeño individual y del mérito.
- La inexistencia de poderes de contrapeso internos.
- La existencia de «vacas sagradas» o «personas que se sienten invulnerables» o «impunes» para poder perpetrar todo tipo de arbitrariedades o agresiones sin llegar a ser sancionadas por ello.
- La indefinición de derechos y obligaciones de los trabajadores.
- El tener muchos jefes y un trabajo poco definido (como es el caso de los trabajadores sanitarios que, a menudo, tienen varias líneas jerárquicas de *reporting*, con diferentes y a veces contradictorias órdenes u objetivos a cumplir).
- La inexistencia de representación de los trabajadores.
- La confusión de lo público y lo privado.
- Las prácticas no éticas o inmorales (la compra de voluntades, los sobornos, la corrupción generalizada...).

- Los ambientes laborales estancos y opacos, en los que todo es secreto y nada se sabe, que fomentan que las agresiones y violencias pasen desapercibidas y no haya testigos de ellas.
- El concepto patrimonialista de la función de dirección o «síndrome del cortijo»: «Esto es mío y hago lo que quiero».

¿Cómo «racionalizan» las organizaciones la existencia de situaciones de *mobbing*?

Pocas son hasta la fecha las organizaciones que, de una manera valiente, se enfrentan a la necesidad de coger el toro por los cuernos y reconocer que, efectivamente, el problema existe. Lo más frecuente es desarrollar el mecanismo de defensa, ya comentado, que consiste en la racionalización del problema, es decir, intentar justificar *a posteriori* las situaciones que presentan un carácter problemático y amenazan la buena imagen que tiene de sí misma esa organización.

Entre las racionalizaciones más frecuentes figuran:

- Argumentar que realizar críticas ácidas, chanzas o bromas a costa de otro trabajador forma parte de la «naturalidad» del trabajo en una empresa, y que el humor y los sarcasmos a costa de otros son parte de la naturaleza humana. «Seríamos autómatas, no seres humanos, si no lo hiciéramos.» «¡No se pueden impedir, y menos prohibir o sancionar, el humor, las bromas y la ironía en los puestos de trabajo!»

- Invocar la naturaleza conflictiva de toda relación humana y de todo grupo constituido por seres humanos con distintos caracteres, puntos de vista, opiniones y pareceres sobre los mismos temas. «El conflicto es connatural a la especie humana, desde el momento en que cada cual persigue finalidades diferentes. La organización no puede sustraerse, pues, al hecho de estar constituida por seres humanos.»
- Aducir el principio del *management* por el terror de que «la letra con sangre entra». Según esta vieja filosofía de la moral del trabajo, el «dar una de cal y otra de arena» o sacudir de vez en cuando unos cuantos «latigazos» despertaría a los indolentes, movilizaría a los perezosos, advertiría a los malintencionados y motivaría a los pasivos, «tonificando» saludablemente a toda la fuerza laboral y renovando el vigor y la savia de toda la organización.

  Ello tendría además beneficiosos efectos ejemplificadores sobre los recursos humanos.
- Apelar a la esfera de la intimidad y maduración personal de los involucrados para de este modo no tener que intervenir, «lavándose las manos» la empresa de su obligación de garantizar un entorno laboral saludable y no nocivo o peligroso para la salud de las personas:

  - «Ya son mayorcitos para arreglar las cosas entre ellos.»
  - «La empresa no es una niñera.»
  - «Las relaciones personales, preferencias o antipatías no deben afectar al trabajo.»

Las organizaciones tienen una posición de garante en la medida que la posición de dominio formal o informal del acosador sobre sus víctimas se produce en el seno de una relación laboral en la que la organización presenta ciertas responsabilidades. No es siempre el acoso psicológico algo consentido o conocido por la organización, pero siempre una situación de *mobbing* es responsabilidad en último término de la organización en la que ocurre.

El *mobbing* supone un problema para la propia organización en la que se produce, que está llamada a identificarlo y a poner los medios y los remedios para prevenirlo y evitarlo.

¿QUÉ FACTORES ORGANIZATIVOS PRODUCEN EL INCREMENTO DE LA VIOLENCIA PSICOLÓGICA?

Existen antecedentes *organizativos* que explican la violencia y la agresividad en el ámbito laboral. La intervención sobre estos factores tiene la virtualidad de reducir considerablemente la violencia propia del acoso psicológico en el trabajo.

Ha quedado establecido que los factores propios de la organización en la que el *mobbing* ocurre son elementos necesarios aunque no suficientes, y que no pueden desencadenar *per se* situaciones de *mobbing* sin la concurrencia de otros elementos:

El trato injusto

Entre los *factores organizativos* que anteceden a la violencia en el entorno laboral encontramos el *trato injusto y desigual*. La percepción continuada de los trabajadores de ser tratados de manera injusta frustra una de las necesidades más conocidas en el ámbito del comportamiento laboral: la necesidad de equidad.

Queda perfectamente establecido que una situación cronificada de violación reiterada de los derechos de las personas lleva al conflicto y a incidentes críticos entre trabajadores.

Las personas que tienen la percepción de estar siendo explotadas, o de estar siendo injustamente tratadas por sus mandos o compañeros, incrementan la probabilidad de manifestar agresividad y violencia.

La existencia de incidentes que generan frustración

Es muy conocida la relación que tiene la frustración como antecedente de los comportamientos de agresión. Cuando los trabajadores sienten o perciben que la fuente de su frustración reside en un comportamiento deliberado o malintencionado, muestran además muy elevadas tasas de agresividad y violencia que no siempre dirigen hacia quienes son la fuente de la frustración. Esa agresividad busca descargarse en aquellos elementos más «disponibles», como son los trabajadores más vulnerables o desasistidos.

El incremento en la diversidad de la fuerza laboral

Es un hecho reconocido que las personas diferentes a la mayoría de su entorno generan el conocido síndrome de «cuerpo extraño». Lo mismo les ocurre a los recién llegados que son inmediatamente percibidos como *extraños, extranjeros* y *distintos*.

Los trabajadores diferentes producen una serie de emociones negativas que terminan generando la agresividad contra ellos. Es el caso cada vez más frecuente de los trabajadores inmigrantes, del desembarco profesional en pie de igualdad de las mujeres en entornos tradicionalmente ocupados o dirigidos por hombres, o de los conocidos «*JASP*» (jóvenes con elevada preparación profesional) que, debido a su cualificación y competencia extraordinaria y a su juventud y bajo coste empresarial, desencadenan reacciones de defensa de otros trabajadores que se sienten amenazados.

La banalización y la normalización del comportamiento de hostigamiento

No es casual que en numerosas organizaciones el *mobbing* sea percibido por los propios trabajadores como algo trivial o como parte del *statu quo* y de la forma de funcionar normalizada.

Determinados climas laborales operan tradicionalmente mediante el miedo o el terror de la fuerza de trabajo. Es el caso de empresas caóticas, mal organizadas o infradotadas de recursos humanos. La única forma de imponer el orden y sacar adelante el trabajo en ellas es a través de comportamientos abusivos, esperados por lo demás en quienes tienen la misión de dirigir, que vulneran y lesionan la dignidad del trabajador.

La repetición a lo largo del tiempo de este comportamiento genera culturas de empresa tóxicas y estilos de mando destructivos.

Así, lo que cabe esperar de un mando o directivo en este tipo de organizaciones es que se comporte de un modo similar a «como siempre ha sido normal en esta organización». La práctica consuetudinaria del maltrato hacia los trabajadores en ese entorno laboral hace que éstos comprendan y se «aclimaten», aceptando sumisamente que «es algo normal» o «va en el sueldo» ser hostigados y maltratados en el trabajo.

Con el tiempo, el comportamiento de violencia, agresión y maltrato termina formando parte de las normas informales que «aprenden» los trabajadores relegados que, imitando los modelos de relación humana que «funcionan» y «tienen éxito» en esa organización, repetirán en el futuro contra otros trabajadores el maltrato que ellos mismos han padecido. Es así como se perpetúa el maltrato que termina normalizándose como algo consustancial al trabajo.

El ambiente o clima de terror

En muchas organizaciones se vive en un permanente estado de emergencia y amenaza. Las situaciones de fusiones, adquisiciones, reducciones de plantilla, y el miedo y la reacción defensiva que llevan aparejados, generan el «síndrome de supervivencia organizacional», en el que un trabajador «contra las cuerdas» puede llegar a ser capaz de hacer cualquier cosa con tal de salvar su puesto de trabajo, despertándose así sus peores instintos. Estos estados, muy comunes e incluso crónicos en determinados sectores y organizaciones, hacen que la norma de comportamiento relacional de unos con otros se base en la filosofía práctica de «sálvese quien pueda».

A este reinado del terror contribuyen además decisivamente los estilos de dirección maquiavélicos que fomentan la delación, el espionaje, la monitorización perversa del trabajador y la técnica de «dividir para vencer».

Con la «organización del terror», las personas desarrollan patrones de comportamiento defensivos que surgen de las reacciones emocionales más primitivas de nuestro *cerebro reptiliano* y consisten en huir o atacar, agrediendo.

Ello explica que el miedo y el terror crónicos en una organización generen de forma sistemática víctimas de *mobbing*.

Los cambios vertiginosos

El carácter vertiginoso de los cambios que se producen en el mercado, los clientes y en el entorno turbulento y cambiante de la tecnología genera un nuevo tipo de estrés estructural que explica que numerosos trabajadores padezcan sus efectos en forma de agresividad y violencia psicológica.

También es conocido cómo el peso creciente de las nuevas tecnologías en el trabajo requiere actualizaciones cada vez más rápidas de los trabajadores que generan en ellos un nuevo tipo de estrés añadido: el denominado «tecnoestrés».

Por otro lado se ha señalado acertadamente el potencial estresógeno que presentan numerosas tecnologías que monitorizan más eficazmente el desempeño del trabajador, que se siente vigilado y cazado electrónicamente, incrementándose así su malestar y su agresividad.

Las condiciones deficitarias de trabajo

No es nueva la relación entre incrementos de incidentes críticos y agresividad y la deficiencia en las condiciones de mantenimiento o higiénicas en el trabajo.

Un exceso de calor o de frío, el hacinamiento, el ruido o la exposición del trabajador a un riesgo para su salud son factores que incrementan la excitabilidad del trabajador exponiendo a la organización a mayores tasas de agresividad.

Esta agresividad la pagan aquellos trabajadores sobre los que se descargan preferentemente las iras de los demás, funcionando a modo de chivos expiatorios de esa organización.

¿QUÉ FACTORES INDIVIDUALES INCREMENTAN LA PROBABILIDAD DE QUE SE PRODUZCA *MOBBING* EN UNA ORGANIZACIÓN?

Los factores organizativos son el caldo de cultivo que una serie de personas encuentran favorable para poder hostigar con éxito a los demás. Existen factores individuales que proceden de la psicología diferencial que nos explican un incremento en la agresividad de las organizaciones y suelen estar en el origen de numerosos casos de acoso psicológico en el trabajo.

Los individuos de tipo A

Las investigaciones que se han desarrollado sobre estrés en la organización han venido señalando la existencia de dos tipos de trabajadores que se comportan de diferente modo y que reaccionan de diferente manera ante la exposición a estímulos estresógenos.

Según sea este comportamiento y esta reacción se distingue a trabajadores tipo A y tipo B.

Los trabajadores tipo A se encuentran sumidos en una especie de combate continuado en competición perpetua contra sí mismos y contra los demás para obtener una serie de objetivos muy difusos y que deben alcanzar en el menor período de tiempo posible. Viven atenazados por un sentimiento crónico de urgencia. Se trata para ellos de hacer más y más en cada vez menos tiempo.

En esta carrera contrarreloj, contra los demás y contra sí mismos, los trabajadores tipo A se comparan con los demás, sintiéndose en una permanente desventaja frente a ellos.

Su comportamiento laboral es por ello abiertamente competitivo, manifestando enormes problemas para cooperar con otros.

Los tipos B son trabajadores que no presentan esa urgencia o necesidad de compararse sistemáticamente con los demás, de competir o de vivir su desempeño contrarreloj. Son capaces de disfrutar de su trabajo y de desempeñarlo relajadamente sin sentirse culpables. Son cooperativos y colaboran fácilmente con otros trabajadores.

La relación de los trabajadores tipo A con los demás es evaluada por éstos de forma sistemática en términos de dominio o sumisión, de ventaja o desventaja, en una supuesta carrera competitiva contra ellos. El otro es percibido como un adversario y no como un potencial cooperador o aliado en objetivos profesionales comunes. Para el tipo A, todos los juegos en los que participa son de tipo «suma cero»: «si yo gano, tú pierdes», «si tú ganas, yo pierdo». No cabe por tanto la cooperación.

El tipo A está altamente motivado por la obtención de resultados rápidos en el plazo más corto posible. Por ello no resulta extraño que fuerce de cualquier forma los plazos que son razonables, exigiendo también a aquellos que trabajan con él «cada vez más en menos tiempo». En esa estrategia estresada y estresante propia de los tipos A no es extraño encontrar comportamientos de violencia psicológica y hostigamiento.

Los patrones de comportamiento que permiten identificar a los trabajadores tipo A son los siguientes:

- No pueden parar quietos y están moviéndose continuamente.
- Manifiestan impaciencia y urgencia en casi todo.
- Se expresan con energía y vigor.
- Mantienen una postura física firme y decidida.
- Caminan, comen, conducen y hablan rápidamente.

- Se comunican con agresividad o explosivamente usando frecuentemente maldiciones o tacos.
- Interrumpen continuamente a los demás cuando no han terminado de hablar.
- Reaccionan vehementemente a las cuestiones relacionadas con plazos de tiempo.
- Mueven las manos enfatizando lo que dicen.
- Suspiran frecuentemente cuando piensan o se refieren a cuestiones laborales.
- Son categóricos en sus respuestas o evaluaciones, con enfáticas respuestas de una sola palabra.
- Establecen competiciones contra el reloj para hacer las cosas en cada vez menos tiempo.

Los trabajadores de tipo A presentan además características diferenciales que permiten su identificación:

- Trabajan siempre en «alta tensión emocional» (nunca trabajan relajados).
- Se someten a una presión de tiempo continua creándose voluntariamente una agenda de fechas límite.
- Trabajan rápidamente y tienen dificultades para detenerse o descansar.
- Dan prioridad a la cantidad sobre la calidad.
- Si se detienen, descansan o se relajan se sienten culpables.
- Prolongan indebidamente las jornadas laborales, siendo frecuentemente adictos al trabajo.
- Sus decisiones suelen ser apresuradas y poco meditadas.
- Rara vez se manifiestan creativos.

- Debido a su necesidad de decidir con rapidez, se basan en lo que les ha resultado o lo que ha funcionado en el pasado. Son conservadores en sus decisiones.
- No tienen tiempo para analizar o meditar nuevas soluciones para nuevos problemas aplicando patrones rígidos de decisión y de comportamiento.
- Varían poco en un comportamiento laboral, que es fácilmente predecible.
- Como jefes, no pierden tiempo en discutir los detalles con los subordinados, a los que demandan una «sintonía telepática» que les haga sin más conocedores de lo que espera de ellos.
- La comunicación bidireccional es difícil con ellos, caracterizándose por no escuchar casi nunca al otro.
- Muestran una exagerada tendencia a «ir directamente a las conclusiones» sin escuchar o analizar debidamente los problemas.
- Como jefes no dedican atención ni tiempo al seguimiento de sus subordinados, gestionando por excepción sólo cuando estallan los problemas.
- Su carencia de tiempo para todo y la urgencia en la que viven les hace ser jefes preferentemente impositivos y autoritarios, sin tiempo ni ganas para el diálogo.

Los trabajadores tipo A suelen presentar mayor riesgo de padecer los efectos psicosomáticos del estrés. Por ello son frecuentes víctimas de infartos, cardiopatías, úlceras, hipertensión, hernias de hiato y otras enfermedades somáticas.

Asimismo, presentan mayor necesidad de controlar las situaciones sociales y manifiestan mayor agresividad hacia los demás. Diferentes autores han encontrado en ellos mayores tasas de hostilidad, agresión y obstruccionismo y bloqueo hacia los demás. Por ello es frecuente que se embarquen en comportamientos de violencia psicológica dirigidos contra aquellos a los que evalúan como adversarios y por lo tanto como blancos de hostigamiento por razón de la competitividad. También pueden dirigir el hostigamiento contra otros trabajadores para forzarles a reducir los plazos de tiempo en que se pueden ejecutar determinadas tareas.

El carácter cada vez más competitivo de las organizaciones potencia a este tipo de trabajadores, que encuentran en estos entornos laborales lugares apropiados para obtener beneficios de sus características psicológicas, explotándolas al máximo.

El refuerzo y el incentivo que significa una rápida progresión profesional para los trabajadores tipo A agudiza el efecto devastador de sus características psicosociales tóxicas, reforzando su interna convicción de lo correcto y adecuado de su actuación laboral

El déficit en el autocontrol o impulsividad

Existen trabajadores que presentan escaso éxito a la hora de controlar eficazmente sus impulsos. A estos trabajadores fuera de control se les imputa buena parte de los comportamientos de violencia y agresión que se producen en las organizaciones.

El fallo en el autocontrol puede, como ya se ha visto, proceder de rasgos o trastornos de la personalidad como los que presentan los psicópatas organizacionales. También puede provenir de una baja tolerancia a la frustración que hace a estos trabajadores poco inteligentes «emocionalmente». Esos desahogos que cursan con violencia y agresividad producen inicialmente la sorpresa de los demás trabajadores.

En muchas ocasiones el «matón» de turno es un acosador laboral que practica el *mobbing* contra otros trabajadores, «tolerado» en la organización como «alguien con carácter» o que sencillamente «es así» y «hay que aceptarle como es».

En estos casos no se repara en el carácter psicosocialmente tóxico que tienen para los demás estos trabajadores sin autocontrol.

La tolerancia a los desmanes suele acrecentarse frecuentemente cuando se trata de una trabajadora «fuera de control». Resulta característica en muchas organizaciones la tendencia a una tolerancia diferencial (muy habitual en trabajadores varones) hacia trabajadoras que acosan y que son evaluadas benévolamente como «frustradas», «histéricas», «con alteraciones propias de la regla», otorgándoseles así patente de corso a su comportamiento destructivo. Es el caso que se relata a continuación:

> ... aquí no pasa nada, y nadie siente que puede pararle los pies a esta especie de «mula». Todas estamos hartas de sus salidas de tono, sus gritos e improperios, y la tenemos miedo. Cuando algo no le gusta o alguien no está de acuerdo con ella, los gritos e insultos se oyen desde todos los despachos.
>
> En un ambiente académico como éste, su comporta-

miento acosador está tan fuera de lugar y resulta tan disonante que todo el mundo cuando le grita hace como si no la oyera, o la disculpa benévolamente señalando que «como está soltera...», y «como tiene problemas...», tiene una excusa para su falta de autocontrol emocional.

Los compañeros de trabajo hombres son los peores. De forma machista y paternalista la disculpan con que «está frustrada», «soltera» o «está simplemente amargada».

A nadie le interesa ni le preocupan las personas que diariamente padecemos el tormento de semejante «animal de bellota».

La dirección, que conoce lo que ocurre, también participa de esta política de amplia tolerancia que nos destruye a todas periódicamente y por turnos...

Los estilos atributivos hostiles

Ya se ha indicado el tipo de personalidades alteradas que suelen estar en el origen de comportamientos de acoso en el trabajo. Sin llegar a los trastornos de la personalidad ya comentados, descritos profusamente por la mayoría de los especialistas, existen personas «normales» que presentan determinados sesgos negativos u hostiles cuando evalúan el comportamiento de los demás.

Se trata de trabajadores con ciertas dosis de paranoidismo o suspicacia no patológicas, denominados «paranoicos leves» en el sentido de que presentan una tendencia marcada a interpretar el comportamiento de los demás como referencial a ellos en un sentido negativo.

Esta actitud no es sino una permanente profecía de tipo negativo que opera en sus relaciones con los demás. Como tal profecía, tiende a hacer creer a la persona que los demás pretenden herirle, ofenderle, vejarle o que «buscan perjudicarle o humillarle» en todo cuanto hacen.

Interpretan así los comportamientos de los demás de manera hostil y se sienten agraviados de manera continuada, de modo que no resulta extraño que se comporten de manera agresiva o vengativa en respuesta a esta deformación de su percepción.

Algunas personas, con muy poca consistencia en sus análisis, señalan que el comportamiento de las víctimas de *mobbing* obedecería a esta alteración. Sin embargo, escapa a su análisis el hecho fundamental de que la verdadera incidencia de estos cuadros se da, no entre las víctimas, sino ¡entre aquellos que hostigan a otros de manera preventiva!

Este proceso de intención continuado hacia los demás o «paranoia leve» es muy habitual en las personas que practican el *mobbing* contra otros compañeros y es el efecto de una deformación, sesgo o alteración de la percepción. Suele tener origen en un historial de malos tratos o abusos en la infancia que hacen que desarrolle una idea negativa acerca de las intenciones de los demás o, lo que es lo mismo, un patrón genérico de desconfianza. Ello explicaría el hecho que caracteriza a numerosos acosadores: no sólo han sido «acosadores en serie» en el ámbito laboral, sino que han sido también acosadores o matones en el ámbito escolar.

El pensamiento distorsionado

Conviene terminar el repaso a los factores personales que presentan los trabajadores que se comportan violentamente en el entorno laboral con una especial mención a cómo concurren en ellos importantes sesgos o distorsiones en su forma de pensar que explican su comportamiento agresivo hacia otros.

El patrón del pensamiento de quienes hostigan es propio de una cosmovisión antropológica negativa o paranoide que entiende el universo laboral como un entorno aversivo o una «jungla» en la que sólo un comportamiento agresivo defensivo puede terminar triunfando o permitiendo sobrevivir. Se señalan a continuación algunos de los frecuentes patrones cognitivos que presentan los trabajadores más agresivos:

- Piensa mal y acertarás.
- Las personas son generalmente hostiles.
- Si una persona se muestra amistosa, lo que busca realmente es utilizarte.
- Si descubren cosas acerca de ti, las utilizarán en contra.
- La gente nunca es sincera.
- La gente se aprovecha de uno si se le da la oportunidad.
- Si se deja a las personas que se acerquen demasiado, te traicionan.
- Las personas tratan de rebajarte o humillarte siempre que pueden.
- No se debe confiar en los demás, sino sólo en uno mismo.

- Es necesario estar permanentemente alerta y en guardia.
- La gente actúa por motivaciones ocultas.
- Si uno se muestra condescendiente o tolerante, le atacan.
- La gente intenta manipular.
- Un comportamiento amistoso encubre intenciones de manipular.
- Es necesario guardar las distancias para evitar el abuso de confianza.
- No resulta seguro fiarse de las personas.
- Pedir ideas a otros es manifestar debilidad o incompetencia.
- Un jefe debe ser duro si no quiere que «se le suban a las barbas».
- No conviene dar confianza a las personas, pues luego abusan de ella.
- La participación es abdicación de la autoridad.

¿Cómo se puede trabajar desde el Departamento de Recursos Humanos en la prevención del *mobbing*?

El papel de los especialistas en recursos humanos de la empresa también resulta crucial. Con frecuencia las intervenciones que desarrollan los departamentos de Recursos Humanos de las organizaciones llegan demasiado tarde para la víctima, cuando el daño es avanzado y la situación laboral y organizativa es insostenible o irrecuperable.

No es infrecuente encontrar que los propios departamentos de recursos humanos incurren en el tipo de error atribucional ya comentado, valorando el caso como «el problema de la víctima» y no el del hostigador. Los protocolos de intervención deben ser cuidadosos en este aspecto, extremando la atención para no confundir los efectos o secuelas del acoso con su causa.

En este sentido, se hace imprescindible la formación de los técnicos de Recursos Humanos en la identificación e intervención de casos de *mobbing* y en la manera especial de monitorizar e investigar un tipo de violencia que a veces resulta sibilina y pasa desapercibida.

Entre las acciones de prevención de este tipo de riesgo laboral figuran las siguientes:

- Declarar las intenciones de la organización acerca de sus objetivos empresariales, y de su visión y actitud general hacia las personas y cómo éstas son valoradas por la organización.
- Desarrollar procedimientos para garantizar un entorno laboral libre de los riesgos laborales procedentes de la violencia *psicológica* o *mobbing*.
- Aplicar de forma proactiva políticas para prevenir el enrarecimiento del clima laboral e incentivar la colaboración, la cooperación y la confianza en las relaciones interpersonales. Los empleadores y el *management* deben dar ejemplo los primeros.
- Formar a los directivos y mandos intermedios en liderazgo, dirección de personas, resolución de conflictos, comunicación, habilidades sociales, desarrollo de recursos humanos, prevención de estrés.
- Reducir la precarización e inseguridad laboral como

forma de evitar síndromes de supervivencia organizacionales.
- Proporcionar información relevante clara y específica a los trabajadores de las actividades que deben desarrollar, los objetivos que deben alcanzar y los medios de que disponen para ello. Dar prioridad a la negociación sobre la imposición de los objetivos.
- Proporcionar un *feed-back* objetivo y constructivo sobre el desempeño mediante sistemas de evaluación objetivables y de carácter previo en cuyo diseño los propios empleados participen de manera activa.
- Formar a los empleados en la prevención de riesgos laborales, y en especial en la dinámica y el desarrollo del *mobbing* en las organizaciones, y sus estrategias de afrontamiento.
- Intentar optimizar las capacidades de cada empleado mediante una asignación racional de recursos humanos dando prioridad al enriquecimiento del trabajo mediante tareas significativas.
- Proporcionar sistemas de promoción no perversos basados en el mérito y no en la política, el amiguismo, el nepotismo o el favoritismo. Diseñar sistemas de sucesión y desarrollo de carreras a largo plazo.
- Desarrollar la comunicación interna como forma de constituir en la empresa comunidades de aprendizaje basadas en la creación y la transferencia del conocimiento en lugar de la retención de la información. Incentivar de manera proactiva el compartimiento del conocimiento.
- Incentivar y acompañar el esfuerzo de los trabajadores por adquirir competencias y empleabilidad me-

diante la formación, la rotación interna, la participación y la contribución significativa al trabajo.
- Determinarse a rechazar el hostigamiento de raíz, sin atender a quién sea la víctima o el ofensor ni cuál sea su rango jerárquico.
- Desterrar la Dirección Por Amenazas (DPA) y la gestión mediante el miedo o el terror como formas perversas y éticamente rechazables de *management*. Sancionar a los mandos que las utilicen de manera recurrente.
- Incentivar el diálogo a todos los niveles de la organización como forma principal y prioritaria de gestión empresarial.
- Desplegar una política activa de formación de mandos y directivos en actitudes y técnicas para el diálogo.
- Desarrollar la confianza como base de todas las relaciones interpersonales en la organización.
- Eliminar los sistemas de control basados en la presunción de animadversión o malevolencia de los empleados. Permitir a la organización mostrar vulnerabilidad frente a sus empleados.
- Predicar con el ejemplo mediante prácticas éticas, no manipulativas y humanizadoras por parte de la dirección de la empresa.
- Desarrollar programas de acogida e integración a los nuevos empleados con la explicación de las normas formales e informales y los valores culturales propios de la organización.

Es evidente que la inversión en acciones de prevención *antimobbing* redundan en una mejora del clima y en un incremento del rendimiento de los trabajadores, así como en la reducción del absentismo y la rotación externa e interna.

¿Conviene sancionar internamente a los hostigadores en los casos de *mobbing* que resulten identificados?

Cuando se llega a identificar la fuente del acoso psicológico en la organización es recomendable sancionar y eventualmente excluir de la organización a aquellos que se dedican a destruir de manera contumaz el capital intelectual de la empresa. La exclusión protege a la organización de un comportamiento perverso en serie.

No olvidemos el carácter repetitivo que tiene el comportamiento de *mobbing* para el agresor, que da origen al fenómeno de «cadáveres en el armario» ya comentado.

La no sanción de los hostigadores suele generar la trivialización y la banalización del acoso psicológico como un mal endémico que «hay que soportar» sin más, como parte del trabajo o como parte del salario. La responsabilidad sobre la salud laboral de los trabajadores pasa por no aceptar ningún comportamiento de hostigamiento psicológico o, lo que es lo mismo, por generar una política de tolerancia cero hacia éste.

La sanción interna debe ser la herramienta que sirva de desincentivación a aquellos que crean que «todo vale» en la organización.

Epílogo

Veinte estrategias personales para superar el *mobbing*

1. Identificar el problema del *mobbing* como tal: formarse e informarse sobre el problema.
2. Documentar y registrar las agresiones de que se es objeto desde el inicio.
3. Hacer públicas las agresiones que se reciben en la intimidad y en secreto y comunicarlas a compañeros, jefes, directivos, asesores, pareja, amigos, familiares.
4. Desactivarse emocionalmente: evitar reaccionar ante los ataques.
5. Controlar y canalizar la ira y el resentimiento (la ira es la aliada del acosador): evitar explosiones de ira.
6. Hacer frente al *mobbing*: el afrontamiento hace recular al hostigador, que es cobarde en el fondo.
7. Dar respuesta a las calumnias y críticas destructivas con asertividad (sin pasividad ni agresividad).
8. Proteger los datos, documentos y archivos del propio trabajo y guardar todo bajo llave, desconfiando de las capacidades manipulativas de los hostigadores.
9. Evitar el aislamiento social: salir hacia fuera y afrontar socialmente la situación de acoso.

10. Rechazar la inculpación sin aceptación ni justificación mediante la extroyección de la culpabilidad.
11. No intentar convencer o cambiar al hostigador.
12. No caer en la inhibición: CONTAR A OTROS el acoso. Hablar del tema del acoso, comunicarlo, escribirlo, relatarlo, cantarlo, esquematizarlo, dibujarlo, esculpirlo...
13. Desarrollar la empleabilidad propia: incrementar la formación y capacitación profesional.
14. Ir conscientemente a la baja laboral o a la renuncia voluntaria antes de permitir que se destruya psíquicamente a la persona.
15. Solicitar desde el principio asesoramiento psicológico especializado.
16. Solicitar consejo legal para hacer valer y defender los derechos propios.
17. Desarrollar la autoestima autónoma como vacuna contra el acoso.
18. Desarrollar el poder curativo del humor.
19. Permitirse llorar por el daño propio.
20. Perdonar al acosador como forma de liberación final.

Apéndice

Cartas al autor

Estimado profesor:
Soy un informático de veintinueve años, con un buen expediente académico. Tras licenciarme en informática, estudiar idiomas y realizar varios cursos de posgrado, me puse a trabajar en este sector.

Desde el momento en que llegó mi nueva jefa, una antigua compañera en otra empresa informática, la situación cambió radicalmente para mí. El director general, del que yo dependía hasta la llegada de esta señora, comenzó a darme la espalda, a ignorarme profesionalmente, a dejarme arrinconado y a dudar de mi lealtad y mi aptitud profesional (por la que, sin duda alguna, me había contratado meses atrás).

Sentí la mano negra de mi nueva jefa, que no paró de dar referencias negativas sobre mi persona, poniendo en duda hasta mi labor en mi anterior empresa.

La situación se hizo insostenible y el maltrato verbal llegó hasta el punto de que una vez, delante de otros compañeros, puso en duda mi capacidad de guardar secretos profesionales, amenazándome con «partirme la cara» si alguien de la competencia era informado de nuestros proyectos.

Como el maltrato crecía cada vez más, no sabía qué hacer ni a quién confiarme.

Así es que un día le preparé un informe de todo lo que ocurría al director general y éste, en vez de considerarlo, me llamó, furioso, a su despacho, para increparme de una manera desproporcionada, diciendo que «si no estás a gusto, ya sabes dónde tienes la puerta», «no rompo este informe delante de tus narices porque tengo educación» o «si tienes algún problema con tu jefa me da igual. Esta organización requiere compromiso y alinearse, y si no estás dispuesto a trabajar, es mejor que te marches».

Desde ese momento supe que mis días en la empresa estaban contados. Por fortuna, recibí una oferta de trabajo en el sector de internet. A decir verdad, no me apasionaba demasiado, pero comprendía que debía huir antes de que me echaran. En cualquier caso, el maltrato vino por parte de mis superiores y de los más allegados a la chica con la que trabajé en mi anterior empresa. El resto de trabajadores de mi empresa eran personas magníficas con las cuales he continuado una relación de amistad hasta el día de hoy (ellos me desvelaron los movimientos que se produjeron para minar mi desarrollo profesional).

Desgraciadamente, la empresa de internet en la que he prestado servicios se fue a pique con la tan manida crisis de las puntocom. En el año que estuve allí no sentí maltrato alguno y me consideré especialmente valorado.

Sin embargo, desarrollé una gran desconfianza hacia mis superiores, lo que me impedía darles mi opinión por miedo a que generara tensión. Si antes me caracterizaba por mi proactividad, en mi nueva empresa me caractericé por la prudencia y por un sentimiento de «no hablar por no pecar», lo que seguramente me perjudicó. Durante todo el tiempo sentía una gran inseguridad, y sentía que esa incapacidad de tomar decisiones y la necesidad de que alguien supervisara todo mi trabajo y me diera el visto bueno.

Desde hace meses estoy en paro y, pese a que he tenido algunas oportunidades de reincorporarme al mercado laboral, he desestimado tal opción por el miedo a fracasar, por la angustia y por la posibilidad de encontrarme con una nueva situación de desprecio hacia mis aptitudes como trabajador. No sé si sería capaz de superar una situación similar y por ello prefiero no exponerme.

A mediados del año pasado desarrollé una serie de alteraciones psicosomáticas que se tradujeron en estrés, ansiedad, irritabilidad, depresión, cancerofobia e hipocondría. Finalmente, decidí acudir a un psiquiatra, que calificó mi enfermedad como «distimia» (no le hablé de la situación de maltrato en el trabajo, sino únicamente de mi depresión y de la ansiedad por encontrarme en el paro). Me recetó ansiolíticos y antidepresivos, que continúo tomando en la actualidad.

A decir verdad, creo que han hecho efecto, ya que me siento mucho mejor que antes. No obstante, continúo creyendo que estoy incapacitado para reincorporarme al mercado laboral, cuando me quedan tan sólo dos meses de paro...

Estimado profesor:
He leído su libro. Me estoy preparando a fondo aunque no sé si tendré mucho éxito en mi lucha. A veces me

abandonan las fuerzas. Me encuentro mejor en las últimas semanas, pero es que mi acosadora está de vacaciones y posiblemente la medicación que estoy tomando empezó a hacer su efecto. Es así que inicio ahora una cruzada, pues querría hacer una asociación de acosados en mi lugar de trabajo, en el que creo que nos contamos bastantes.

Le voy a contar mi historia. En esta empresa la presión empezó a hacerse cada vez más patente, de forma que hoy ya es normal trabajar de ocho de la mañana a siete de la tarde (con un tiempo para comer) sin absolutamente ninguna retribución adicional. Es decir, se están realizando jornadas de muchas más horas de lo normal tan sólo por miedo y sin ninguna contrapartida.

La primera «bomba» que nos lanzaron fue que un equipo de una treintena de personas fuera llamado una tarde a capítulo y se le entregara una carta en la que se les agradecía a todos los servicios prestados y se les ponía a disposición del departamento de personal. También se les decía que recogieran sus efectos personales al día siguiente pues ya no podrían pasar al edificio...

Cuando volvieron a su lugar de trabajo les habían cambiado las claves del ordenador y desactivado el teléfono. Se les trasladó a un lugar mientras tanto, en el que no hacían absolutamente nada, y se les realizaron entrevistas para «recolocarles».

Este hecho nos aterró. Pero no era nada comparado con lo que vendría después: continuos cambios de puesto de trabajo, compañeros que abandonaban la empresa en desbandada. Incluso una compañera mía de otro departamento, con la que salgo a comer habitualmente, perdió la razón (de pronto le dio una paranoia: quería suicidarse tirándose delante de un autobús porque pensaba que la perseguía alguien de la empresa, incluso en su propia casa: aún sigue en tratamiento, pero por lo menos está felizmente prejubilada. A una compañera de mi mismo departamento, de la noche a la mañana, la mandaron a un cursillo y a una sucursal (jamás había trabajado en una), la cambiaron varias veces y finalmente la dejaron en un departamento repartiendo la correspondencia. No había querido prejubilarse porque tenía problemas económicos: divorciada y con dos hijas en edad universitaria, no podía permitírselo. Pero al fin se lo permitió: duró un año apenas. A otras personas las relegaron a dejarlas sin trabajo para ver si se decidían... En el servicio médico de la empresa repartían Lexatín como quien reparte piruletas. Han ocurrido cosas terribles y el personal ha sufrido muchísimo.

Y yo veía a mis propios compañeros penar, incluso llorar en el ascensor. El panorama no podía ser más desalentador.

Sí, nuestros jefes se fueron, pero al menos se llevaban una pasta gansa.

Los prejubilables acabaron bajando la guardia y diciendo «Sí» al departamento de personal a la primera, pero la peor parte la llevábamos los que no podíamos prejubilarnos porque no llegábamos al mínimo de la edad.

Estos años iban a ser los peores para nosotros...

El último caso tuvo lugar la semana pasada con un juicio por *mobbing*: a una compañera la despidieron injustamente basándose en faltas injustificadas. No eran tales, sino que su jefe en repetidas ocasiones había manifestado «a ésta me la cargo yo» y «la voy a poner de patitas en la calle».

Y paso a mi historia:

Mi departamento se refundió con otro departamento gemelo de la empresa fusionada. Nosotros éramos ocho y ellas cuatro y además muy contrarias a esta minifusión ya que nuestros sistemas informáticos y de gestión eran mucho más modernos que los suyos y, por esa razón, mi jefe primó sobre la jefa de ellas. Yo por mi parte tuve que fusionar los sistemas que controlaba, ya que mi función era técnico informático: controlaba nuestra pequeña red como administrador, y había realizado todas nuestras bases de datos y era la *webmaster* de nuestras páginas en la Intranet. Pero lo peor fue la llegada de una compañera funesta que fue la principal instigadora. La irrupción en mi trabajo de X (llamémosla así) supuso un total desamparo.

X empezó a «fijarse» en mí. Mientras yo estaba trabajando, saltando literalmente de un equipo a otro, instalando nuevas mejoras o probando el funcionamiento de otras cosas ella chillaba: «¡Esto es una mierda..!». Y tenía «detalles» como llamar a mi jefe delante de mí para hacerle ver que su equipo no funcionaba... y que mi jefe viniera a decirme que tenía que ver qué le pasaba al equipo de X...

De pronto, decapitaron nuestro departamento. Durante un mes estuvimos en el departamento como esperando a ser «gaseados». Todos nos preguntábamos quiénes serían los que saldrían. Mi jefe me tranquilizó pero yo le dije que eso no era suficiente, que el hecho de que salieran nuestros compañeros a mí me dolía tanto como si me fuera yo. Ya habían «caído» dos compañeras muy queridas con «prejubilaciones no deseadas».

A mí comenzaron a cargarme con más trabajo: el escaneo de unos informes voluminosos que llegaban todos los meses. Una compañera más joven con muy poca antigüedad (del equipo «triunfador») se había negado a hacerlo...

Yo protesté. Mi jefe me contestó que si no podía con el trabajo no importaba. Así que yo realizaba el grueso de las tareas del departamento mientras que el resto, excepto otra persona (naturalmente de mi equipo), seguía desarrollando las mismas labores que antes. X protestaba como de costumbre...

En ese año me sometieron a una operación quirúrgica delicada. Nada más volver a casa, y aún convaleciente de la operación, tenía un *e-mail* de mi jefe en el que me adjuntaba una petición para ascenderme...

Ni que decir tiene que me pareció muy poco oportuna la carta... En fin, me pareció de caradura por parte de mi jefe, algo así como un acicate para que volviera pronto porque el panorama que tenía era muy fastidiado...

Pero todo le había caído a un compañero mío, Felipe, el único que me apoyó... Me incorporé de la baja antes de lo que debía y el trabajo me hizo polvo... También encontré que la gente me miraba ya de otra manera: por ejemplo, «ellas» se negaban a ayudarme aunque me vieran con el agua al cuello, cosa que antes no ocurría cuando les pasaba «peticiones» de usuarios.

Me encontraba muy cansada y estresada, con pilas de trabajo acumulado... Coincidía que la semana siguiente era el día de huelga general y, tal y como estaban las cosas, no podía ir a la huelga porque nos «señalábamos», pero tampoco quería pasar el trago de pasar por delante de mis compañeros del sindicato. Así que le pedí a mi jefe que me diera tres días de vacaciones... Se puso inusualmente histérico.

Pero, por casualidad, el martes de la semana de la huelga me agarré un lumbago. Tuvo que ser por la presión. El traumatólogo me hizo las radiografías y me dio la baja (tres semanas). Y en el papelito tan sólo consignó en «bajas»: 1-2-3. Me dijo que no tendría que renovarlas y que estuviera de nuevo allí un día determinado...

Mi jefe se supuso que 1-2-3 eran los tres días que yo le había pedido de vacaciones, que «me los tomaba de baja». Cuando llamé para decir cómo dejaba los trabajos a mi compañero, X le increpaba mientras diciendo que si le parecía bien lo que yo estaba haciendo...

Pero el lunes me esperaban... y no aparecí. Tras varios días, mi jefe estaba ya muy indignado conmigo. Y entonces X aprovechó para sacar toda su bilis contra mí: me acusó de tener «caradura» y estar en casa sin baja (¡cómo podría hacer tal cosa después de veintiocho años en la empresa!) porque tendría que haber llevado una «renovación». Mi jefe fue al servicio médico y le contestaron que todo estaba en regla. X volvió a chillar que eso no era así, «porque su hermano es médico y ella lo sabe bien...». Hay que decir que ella fue operada de lo mismo que yo anteriormente... También aprovechó para decir que yo no trabajaba, no cogía los teléfonos, que ponía documentos reservados en nuestras páginas de Intranet. A esto último, mi jefe y Felipe callaron y quisieron comprobarlo. No encontraron nada (porque era una sucia mentira), pero ella insistió en que los había visto.

Trataron muy condescendientemente a Felipe, a quien habían intentado convencerle de que yo era lo que ellas decían y ponerle en mi contra.

Tras ello, además de la lumbalgia y que no estaba totalmente recuperada de la histerectomía, caí en una depresión. Cuando fui al psiquiatra... ¡No era capaz de contarle lo que me ocurría! Sólo podía llorar y llorar... Me recetó pastillas para dormir. El tiempo de baja y el posterior fue como un auténtico calvario.

Mi trabajo, del que había estado siempre tan orgullosa, ahora no valía nada... Intenté hablar más calmada con mi jefe y ya le encontraba muy «renuente». Las maniobras tan sutiles que X había ejercido durante mucho tiempo habían empezado a hacer efecto.

Estuve pensando en irme del trabajo, pedir la baja voluntaria o incentivada (ahora que están queriendo quitar a tanta gente). La lástima es que no tuviera aún edad para prejubilarme, pues con sólo tres años más podría haberme ido sin problemas...

La persona contra la que X ejerció *mobbing* anteriormente, y a la que sigo viendo, está muy resentida por lo que pasó y también precisa tratamiento psiquiátrico, pero no ha querido ir al psiquiatra.

El otro día se me echó a llorar cuando hablamos de ello, y me dijo que se sentía una inútil ahora (está en otro departamento).

Yo confieso que cuando me contó su caso la primera vez pensé que era una «débil» y que no podía hacer frente a X. Ahora la comprendo y le he pedido disculpas por ello. Por ella supe que, antes de venir, X se estudiaba nuestra Intranet para ver los fallos.

He de decir que tengo dos carreras terminadas y una tercera iniciada, más varios títulos de posgrado, pues nunca he dejado de estudiar...

De momento estoy por la lucha contra el *mobbing* aunque me aconsejan también que no haga una «cruzada», que me marche sin más y me olvide de todo en otro lugar.

Querido Iñaki:
He leído y sigo tus sugerencias sobre *mobbing*. Tengo este problema encima desde hace diez años y la cosa va cada vez a peor, sobre todo ahora que tengo la oposición para la plaza de titular dentro de unos meses, y toda la ayuda para sobrevivir a esto es poca, porque lo que tengo aquí es al campeón de los acosadores. A todo aquel que no hace la tesis con él o no es de su camarilla, trata de aniquilarlo por todos los medios.

A una servidora en todos estos años le ha hecho de todo: quitarme la docencia, sobrecargarme todo en un cuatrimestre, difamarme, calumniarme, mandar a sus sicarios a golpearme la puerta del despacho, amenazarme físicamente delante de otra compañera, incluso insinuarme que si quiero algo... ¡Ya sé por la taquilla que tengo que pasar!

Lo mínimo ha sido decirme que no tengo ni pu... idea de nada. La tasa de hostigamiento es del cien por cien. No hay interacción con él o su camarilla que no aproveche para vejarme, humillarme o ningunearme.

Este individuo no puede permitir bajo ningún concepto que servidora salga adelante profesionalmente, o incluso que pueda adelantarle en nada una mujer.

Le echo coraje al tema, soy una buena deportista, mejor persona y, si le soy sincera, nunca imaginé que la vida podía ser tan dura. Trabajé duro en grandes compañías antes de entrar en la universidad, pero luego no tenía otra cosa y entré aquí, en la universidad, donde este señor sigue machacándome.

En las dos carreras en que imparto docencia estoy contenta y tengo buen cartel. Estoy también bien valorada en la docencia por los alumnos. Todo empezó hace diez años con un trabajo que yo logré publicar en una revista en la que mi acosador nunca había podido publicar. Nunca sospeché que al tiempo de ser felicitada por él decretaría contra mí esta persecución. Desde entonces, el acoso ha ido *in crescendo* hasta el momento actual en que la cosa está *molto forte*.

Esto del acoso diario cada vez lo llevo peor y te tengo que confesar que ya me está sacando de mis casillas.

Trato de mantener la calma y no explotar como tú aconsejas, pero estoy empezando a pensar en hacerle la vida insoportable a este «ser» fuera del trabajo e irme a por él en la calle, pero supongo que dándole unas «hostias» en la calle no voy a conseguir más que irme a la comisaría, así que no encuentro solución a esto. ¿Resistir? Llevo diez años resistiendo. ¿Marcharme? ¿Adónde? No hay trabajo y tengo a dos hijos que mantener. Así, contra la espada y la pared estoy: si no apruebo la oposición de titular, me tengo que marchar de inmediato y esta situación me angustia un poco. Aunque he luchado bien y tengo méritos suficientes, en el tribunal hay un hombre de él. Si me levanta el puñal, lo voy a meter en el juzgado por prevaricación. Aquí son también los campeones de la endogamia. Este señor tiene metida a toda la familia aquí. Será el *mobbing* genético... ¡Que no tengo sus genes!

Pero siento que puedo ganarles la partida, eso si no me matan antes despacio o de golpe. Como decía Cela: «En España, el que resiste es el que triunfa».

Estimado Iñaki Piñuel:

Soy víctima de *mobbing*, ejercido principalmente por un compañero de profesión que me relevó en el cargo que yo desempeñaba con éxito en una empresa de comunicación.

Durante un año (y sin saber que aquella actitud sutil, injusta y maligna tenía un nombre) me defendí de todas las malas artes hacia mí, utilizando el arte del teatro, es decir, fingiendo que no me afectaba el acoso al que me veía sometido (creo que di la imagen que quería, imbatible). Me metía en el cuarto de baño para que no me viera llorar. Un año después, a punto de hundirme y exteriorizar mi desconsuelo, caí de baja por una enfermedad autoinmune que atribuyo al desgaste psicológico que me produjo el acoso. La tensión acumulada durante tanto tiempo se manifestó, y tuve que abandonar forzosamente el trabajo por imperativo médico.

La tensión y el sufrimiento ante una actitud incomprensible me habían repercutido en una extraña y rara enfermedad inmunitaria. Al cabo de varios meses, y cuando me iban a dar el alta, decidí tomarme un año de excedencia, un plazo que se termina ahora.

Hace una semana establecí un contacto previo a mi reincorporación con la empresa y, por una serie de detalles significativos, entendí que me espera una segunda parte del *mobbing* que sufrí entonces y que estuvo a punto de anularme como profesional y como persona.

Comprendí lo que me había sucedido cuando ya estaba de baja laboral, una noche en que le escuché en una entrevista que le hizo Pilar Socorro en RNE. Se me abrieron los ojos. Al día siguiente me compré su libro. He de decirle que no he conseguido leerlo linealmente porque me produce mucho sufrimiento revivir lo que me viene a la mente cuando tropiezo con todas las verdades que el libro recoge. Ahora, que me voy a enfrentar de nuevo a mis acosadores, he decidido ir preparado, prevenido, y he comenzado a leerlo, a subrayarlo, con el fin de tener todos los cabos atados. Anoche, a las cuatro de la madrugada volvía a llorar desconsoladamente, como lo hacía al final de mi etapa anterior... Hoy tengo sensación de vértigo y, sinceramente, temo por mi salud.

Mi esposa me aconseja que no vuelva en estas condiciones, que alargue la excedencia solicitada (¡si fuera posible!).

Yo considero que si no vuelvo, ellos me han ganado y yo quiero vencer, y volver. Si intento cambiar de empresa, seguramente intentarán dificultarme el salto a otro puesto de trabajo en mejores condiciones. Y precisamente sobre esto último quería preguntarle: ante una nueva actitud de acoso, ¿cómo he de reaccionar? ¿He de manifestarles que eso que me hacen tiene un nombre *(mobbing)* y que cabe la denuncia o mejor debo callar y recoger pruebas silenciosamente?

Lo que veo complicado en mi caso (por mi forma de ser) es mantener una actitud fría en mi trabajo. El periodismo requiere una actitud responsable, flexible y solidaria y yo me considero un «buen compañero». No quisiera que esta concepción cambiase (creo que es un punto favorable para mí). También durante el tiempo que fui redactor jefe coseché buenas opiniones por parte de quienes trabajaban entonces a mi lado, a pesar de que la situación de la empresa era estresante.

Estimado profesor:

Somos dos profesores de la Universidad X y, en primer lugar, queríamos darle la enhorabuena por sus trabajos relacionados con el *mobbing*.

Ambos hemos sido víctimas de *mobbing* durante la realización de la tesis doctoral, y no fuimos capaces de reconocerlo hasta que leímos en *El Mundo* un extracto de su libro: *Mobbing. Cómo sobrevivir al acoso psicológico en el trabajo*. Esto fue después de habernos «liberado» de él. En este extracto descubrimos con asombro, que de las cuarenta y tres situaciones que enumera hemos sufrido cuarenta sistemáticamente y casi todos los días durante los cinco años que duró la realización de nuestras tesis.

Posteriormente, vimos a nuestro acosador totalmente reflejado (cien por cien) en su entrevista del número 188 de *MUFACE* de otoño de 2002.

A pesar de que nuestra relación con él terminó en el año 2000, está claro que aún seguimos sufriendo secuelas, que nos afectan a nosotros, a nuestras familias y a nuestros compañeros actuales de trabajo.

Desgraciadamente, seguimos teniendo contacto con él, pues pertenece al mismo centro de trabajo, y tenemos amigos y conocidos que están en su grupo y, por lo tanto, sufriendo aún más si cabe este acoso.

Nos hemos dado cuenta de que cada año va a peor y de que es capaz de desarrollar nuevos comportamientos y estrategias para conseguir de los nuevos integrantes que entran en su grupo lo que no consiguió con los anteriores. En definitiva, aprende y se perfecciona.

Incluso ha comenzado a acosar a alumnos, dada la seguridad que siente y la impunidad con la que actúa, pues nadie hasta ahora le ha puesto freno.

El motivo de ponernos en contacto con usted es que pensamos que este sujeto es digno de incluirlo en sus estudios, por lo que nos ponemos a su disposición si desea contactar con nosotros.

Estimado Iñaki:

Mi nombre es José, soy argentino y mi edad es de treinta y dos años. Trabajo en una empresa que tiene dos socios y uno de ellos es mi padre. Desde siempre tuve mucha hostilidad por parte del socio de mi padre.

Cabe aclarar que él siempre quiso quedarse como único dueño de la empresa. Hace tres años la empresa estaba en malas condiciones económicas y se decidió realizar ciertas tareas para sanearla por parte de mi padre y mía. Él se encargó de realizar todo lo contrario, evitando llevar a cabo todos los comentarios que habíamos propuesto.

Y de ahí en más; se empezó a quedar en soledad y pensando que él solo la podía salvar. Cuando vi cómo actuaba esta persona, sin escuchar a nadie, me cansé y empecé a no involucrarme tanto. Las cosas se hacían bastante mal, con poco razonamiento.

Por otro lado, tuvimos varias sesiones con una psicóloga para tratar la relación entre mi padre y yo y ver cómo actuar ante esta persona y entre nosotros, porque la relación se deterioraba día a día. Pero no continuamos porque no obteníamos resultados porque el tema estaba por otro lado: era *mobbing* lo que esta persona ejercía sobre nosotros.

Empecé a analizar todas las actitudes que tenía esta persona, a saber:

- Hace dos años comencé a estudiar otra ingeniería y tenía que ausentarme los viernes por la tarde del trabajo, lo que generó muchos roces y pocas ganas de autorizarme.
- En la oficina tengo una persona a mi cargo. El acosador no me informa de las novedades a mí, sino que le informa a él.
- Con los empleados tengo un trato muy cordial y me comentan que habla muy mal de mí y genera mal ambiente entre todos los empleados, dividiéndolos.
- Me niega la información necesaria para realizar mi trabajo.
- Armamos proyectos y los llevamos adelante con éxito y hace lo imposible para dejarme fuera de ellos, con críticas demoledoras que no tienen fundamento. Cuando se hace cargo él, los resultados no son los esperados.
- Se niega a reconocerme profesionalmente como ingeniero. Me doy cuenta de que existe una gran envidia de su parte ya que él es ingeniero técnico solamente.
- Me controla y monitoriza todo lo que hago sacando fotocopias de todo mi trabajo.
- Le comenta a los empleados que se darán cambios en la empresa y que necesitará un ingeniero, dejando caer que yo me iré.
- Fomenta a chivatos y delatores bien definidos que le comentan todo lo que ocurre en la empresa.
- Me restringe las órdenes que puedo dar y los pedidos de materiales, todo lo quiere manejar él.

- Realiza cambios de órdenes de modo continuado.
- Me desautoriza ante los empleados (obviamente sin mi presencia) porque quiere evitar reproches en público que le puedo hacer.

Me he dado cuenta del terrible miedo que tiene a enfrentarse con las personas. En una ocasión discutimos y le dije varias verdades y lo coloqué en su debido lugar. Lo que logré es que desde hace tres meses, aproximadamente, no nos dirigimos la palabra y estoy bastante más tranquilo.

Su personalidad es totalmente narcisista. Necesita ser admirado permanentemente, que se le agradezca, mostrarse como el que más sabe en la empresa, la última palabra es la de él, etc. Muchos empleados eran en su debido tiempo muy buenos, pero al ir con planteos totalmente adecuados, empezaron a no ser tan buenos como parecían, según su parecer.

Quiere tener controlada toda la información de la empresa, lo que genera una gran burocracia. Necesita controlarlo todo, desde la compra de un lápiz hasta la venta del mayor equipo que producimos.

Además, me asigna responsabilidades y, sin decirme nada, las toma él, por lo que se recarga con el trabajo realizándolo totalmente en forma incompetente.

Lo que más me llama la atención es su vida privada, ya que hace tres años que no se toma vacaciones. Todos los días presente en el trabajo, nunca se enferma, siempre ahí firme.

Hay que sumarle la cantidad de cigarrillos que fuma por día. Seguramente no se toma vacaciones porque no confía en nadie. Piensa que sólo él puede hacer las cosas bien. Aparte es tal el desorden que tiene en su oficina con papeles y planillas que implementa, que seguramente nadie se quisiera hacer cargo.

Mi pregunta es conocer qué le pasa a una persona así por la cabeza, cómo puede resistir tanto (porque creo que él no lo debe estar pasando bien).

Actualmente, le estoy haciendo *mobbing* a él porque no me puede despedir. Y ello consiste en:

- Negarle el saludo.
- Hablarle y no mirarlo.
- Enviar información por terceros.
- Negarle información y esperar que me la pida él.
- Defenderme de las acusaciones que realiza sobre mí con los empleados y explicarle los sucesos realmente.

No sé si estoy actuando adecuadamente, pero es la única arma que tengo en mi poder.

Personalmente, me siento muy agobiado, con pocas ganas de venir a trabajar, desprestigiado profesionalmente, inseguro, sin ganas de generar proyectos nuevos, chato porque él imprime chatura a toda la empresa y se queda en proyectos pequeños, etc.

Mi pregunta es conocer cómo quedaré el día después de irme, el tiempo que necesitaré para recuperarme y si lo lograré, porque esto es muy fuerte para mí. Al leer su libro tomé la debida conciencia de dónde me encuentro.

Lo que tengo que agradecer es el total apoyo de mi familia que en todo momento me ayuda (mi señora y mi pequeña hija), que me da fuerzas para seguir y poder enfrentarme a este enfermo.